山地城镇土地可持续利用规划研究与案例

张 洪 李 彦 程 炼 等 著

科学出版社

北京

内 容 简 介

本书主要研究低丘缓坡山地立体空间场景中山地城镇（或城镇组团、房地产项目区）土地可持续利用规划的技术方法，包括山地立体生境环境中生态、建设等各类用地立体布局理论与技术方法，山地城镇地形改造及坡度控制、道路交通布局、用地竖向规划等规划要素的布局形式等，并以云南省大理市海东低丘缓坡山地城镇建设项目区为例作了示范研究。

本书可作为高等院校师生，科研机构和设计单位人员，自然资源、住房和城乡建设、生态环境等相关政府部门工作人员进行国土空间规划、山地可持续利用等方面研究、管理的参考用书。

图书在版编目 (CIP) 数据

山地城镇土地可持续利用规划研究与案例 / 张洪等著. -- 北京：科学出版社, 2025. 6. -- ISBN 978-7-03-081640-5

Ⅰ. F293.22

中国国家版本馆 CIP 数据核字第 2025HF5615 号

责任编辑：石　珺　李嘉佳 / 责任校对：郝甜甜
责任印制：徐晓晨 / 封面设计：无极书装

科学出版社 出版
北京东黄城根北街 16 号
邮政编码：100717
http://www.sciencep.com
北京建宏印刷有限公司印刷
科学出版社发行　各地新华书店经销
*

2025 年 6 月第 一 版　开本：B5 (720×1000)
2025 年 6 月第一次印刷　印张：13 1/2
字数：264 000
定价：166.00 元
（如有印装质量问题，我社负责调换）

前　言

　　我国是一个多山的国家。近几年随着城市化快速推进，城市（镇）用地扩张与平原（平坝）优质耕地保护矛盾十分尖锐，像云南这样的山地省份不得不选择在山地进行城镇与工业园区建设的城镇化道路。但是，山地生态系统脆弱，地质灾害威胁大，如何科学地进行山地城镇土地开发是当前开展山地城镇建设面临的紧迫问题。

　　本书是张洪主持的国家自然科学基金项目"基于生态安全的云南山地城镇土地可持续利用模式研究"（项目编号：71363061）的后续研究，侧重从土地利用规划角度，针对山地立体空间特征，探索在确保生态安全前提下山地城镇建设开发的土地可持续利用规划理论与技术方法。本书主要研究低丘缓坡山地立体空间场景中山地城镇（或城镇组团、房地产项目区）土地可持续利用规划的技术方法，包括山地立体生境环境中生态、建设等各类用地立体布局理论与技术方法，山地城镇地形改造及坡度控制、道路交通布局、用地竖向规划等规划要素的布局形式等，并以云南省大理市海东低丘缓坡山地城镇建设项目区为例作了示范研究。

　　本书从理论和实践两方面研究探索山地立体生境中生态、建设等各类用地立体布局的规划要素及其布局形式，通过规划手段有效控制山地城镇开发过程中生态过程变化的景观功能、物质流和能量流的稳定性，降低地质灾害和生态风险发生概率，维护山地生态系统的立体特征和功能–结构，为实现山地城镇生态可持续性提供了一条途径，对丰富和发展我国山地土地利用理论与方法是一个重要补充，具有较高的学术价值。

本书吸收了张洪主持完成的科技部国土资源公益性行业专项科技计划项目"低丘缓坡山地开发土地规划与监管技术和示范"课题三的部分研究成果和张洪主持的国家自然科学基金项目"基于生态安全的云南山地城镇土地可持续利用模式研究"的部分研究成果,并在此基础上进行了更深入的研究和示范验证。在此感谢参加上述课题研究的同事们、研究生们。

本书共分四章,第一章主要由李彦执笔,张洪协助;第二章主要由张洪执笔,张扣强协助;第三章主要由李彦执笔,张洪协助;第四章主要由程炼执笔。由于作者水平所限,书中难免有疏漏之处,敬请读者批评指正。

目　录

第一章　山地城镇土地可持续利用规划的几个基本问题 ··············1

　第一节　山地城镇土地可持续利用规划的内涵 ··············2

　　一、山地城镇土地可持续利用 ··············2

　　二、山地城镇土地可持续利用规划 ··············2

　第二节　山地城镇土地可持续利用存在的问题 ··············3

　　一、山地城镇建设的特点 ··············3

　　二、山地城镇建设开发模式与坝区（平原）的差异性 ··············4

　　三、山地城镇土地可持续利用方面存在的问题 ··············12

　　四、山地城镇土地可持续利用面临的主要制约因素 ··············14

　参考文献 ··············15

第二章　山地城镇建设开发生态用地布局理论与方法 ··············16

　第一节　山地城镇生态用地布局的理论基础 ··············16

　　一、景观生态学理论 ··············16

　　二、生态空间与建设开发权衡理论 ··············20

　　三、相关研究方法 ··············26

　第二节　山地城镇建设开发的区域生态风险红线划分 ··············32

　　一、生态因子的生态红线划分方法 ··············32

　　二、区域生态安全级别设计规则 ·· 36

　第三节　山地城镇建设开发对生态系统服务功能的影响 ············· 37

　　一、水源涵养服务价值测算 ··· 39

　　二、水土保持服务价值测算 ··· 42

　　三、固碳释氧服务价值测算 ··· 46

　　四、空气净化服务价值测算 ··· 47

　　五、对云南省部分典型山地城镇建设项目区开发前后生态功能

　　　　价值的变化分析 ··· 47

　第四节　山地城镇建设开发的生态用地布局示范研究 ··············· 49

　　一、研究区概况 ·· 49

　　二、数据和方法 ·· 50

　　三、计算过程 ·· 56

　　四、结果分析 ·· 63

　参考文献 ·· 68

第三章　山地城镇土地可持续利用规划的用地布局与规划指标 ········· 73

　第一节　山地城镇土地可持续利用的特征 ······························· 73

　　一、时空景观的多样化 ··· 73

　　二、用地布局的局限性及复杂性 ··· 74

　　三、生态环境的敏感性 ··· 74

　　四、空间的多维性 ·· 75

　第二节　山地城镇土地可持续利用规划的原则 ························· 76

　　一、生态优先、兼顾社会及经济效益 ··· 76

　　二、依山就势、立体利用土地 ··· 76

　　三、集约利用土地 ·· 76

第三节　山地城镇土地可持续利用规划要点 ···················· 77

一、生态优先的三维立体规划 ····························· 77

二、竖向规划设计的精细化 ····························· 79

三、建设用地的集约利用 ····························· 80

第四节　山地城镇用地空间布局 ····························· 81

一、山地城镇用地空间布局的基本原则 ·················· 81

二、山地区域城镇用地空间布局 ························ 82

第五节　山地城镇建设开发土地可持续利用规划主要控制指标 ···· 87

一、现有各类规划指标体系的梳理 ······················ 87

二、城市建设用地主要常规控制性指标体系 ·············· 87

三、用地结构 ····································· 93

四、详细规划（项目区）层面控制指标体系 ·············· 94

第六节　山地城镇土地集约利用 ····························· 95

一、山地城镇土地集约利用的必然要求 ·················· 96

二、山地城镇开发的土地利用率 ························ 96

三、山地城镇土地集约利用的技术方法 ·················· 99

第七节　山地城镇建设用地的竖向控制 ······················ 107

一、山地城镇地块划分及场地平整 ····················· 107

二、山地区域道路与交通用地 ························· 110

三、山地城镇的立体化开发 ··························· 113

四、山地城镇的立体绿化 ····························· 116

第八节　山地城镇生态环保基础设施用地规划 ················· 117

一、基于"反规划"的生态约束区域划定 ················ 117

二、基于生态指向的城市空间发展模式 ················· 119

三、山地区域生态基础设施布局 ······················ 120

第九节　山地居住区用地规划设计 ································· 124

一、山地居住区的特点 ································· 124

二、山地居住区的规划设计 ································· 125

三、山地居住区用地指标的案例借鉴与建议 ················· 132

参考文献 ································· 135

第四章　大理山地城镇建设土地可持续利用规划的案例研究 ··········· 136

第一节　示范项目区概况 ································· 136

一、区位分析 ································· 136

二、规划范围 ································· 136

三、土地利用情况 ································· 136

第二节　项目区现状评价 ································· 137

一、现状用地条件分析与评价 ································· 137

二、项目区生态保护重要性评价 ················· 142

第三节　山地城镇规划方案构思与布局 ················· 143

一、规划原则 ································· 143

二、规划目标 ································· 145

三、性质定位 ································· 145

第四节　规划总体方案构思 ································· 146

一、规划策略 ································· 146

二、规划构思 ································· 148

三、布局模式 ································· 151

四、功能结构 ································· 153

五、用地布局 ································· 154

六、人口容量 ································· 156

第五节　山地城镇规划各专项设计方案 ………………………………………156

　　一、公共设施布局规划 …………………………………………………156

　　二、山地立体道路交通规划 ……………………………………………159

　　三、山地立体景观规划 …………………………………………………168

　　四、山地综合管廊规划 …………………………………………………177

　　五、山地生态环境保护规划 ……………………………………………179

　　六、山地海绵城市规划 …………………………………………………187

　　七、山地综合防灾规划 …………………………………………………192

附录　项目区主要规划图集 …………………………………………………201

第一章

山地城镇土地可持续利用规划的
几个基本问题

　　我国山区面积占陆域总面积的 64.89%，山地区域是我国矿产资源、生物资源的源头，是天然的生态屏障。自 20 世纪 70 年代以来，随着全球环境变化的加剧，山地问题引起了国际社会越来越广泛的关注。1973 年，联合国教育、科学及文化组织（UNESCO）在人与生物圈计划（Man and the Biosphere Programme，MAB）中，开展了"人类活动对山地生态系统影响"的专题研究；而后又在 1974 年发表了要加强山地环境研究的《慕尼黑宣言》；1992 年，联合国《21 世纪议程》把山地环境与发展提到全球环境问题的高度；1998 年 11 月 10 日，联合国代表大会第 53 次会议宣布，将 2002 年定为"国际山地年"，其主要工作就是促进山地国家的可持续发展。

　　习近平总书记从生态文明建设的整体视野提出"山水林田湖草是生命共同体"的论断，并深刻指出："人的命脉在田，田的命脉在水，水的命脉在山，山的命脉在土，土的命脉在树"，这个生命共同体是人类生存发展的物质基础。其中，山地决定地球表层格局与演化，山地形态与结构决定水土演变过程，山地开发利用水平直接影响到区域的可持续发展。

第一节　山地城镇土地可持续利用规划的内涵

一、山地城镇土地可持续利用

从文字上理解山地城镇土地可持续利用即在山地区域进行以城镇建设为主要类型的土地利用，达到山地土地利用系统健康、平衡、可持续发展的目标。从《我们共同的未来》中对"可持续发展"的定义可知，可持续发展是建立在社会、经济、人口、资源、环境相互协调和共同发展的基础上的一种发展，其宗旨是在保护的前提下达到发展的核心目标。在山地城镇土地利用方面实现可持续发展，一方面要立足于生态安全的大前提，另一方面要体现用地的综合效益，达到土地功能的可持续及利用效益的可持续。

二、山地城镇土地可持续利用规划

山地城镇土地可持续利用规划是针对山地城镇这一特殊区域，其着眼点在于土地利用，即土地资源的优化配置。可将其视为国土空间规划体系中对于山地区域的专项规划内容。

规划对象及其特征决定了规划的目标及所要突出的重点。山地城镇土地可持续利用规划要在明确山地特征、山地城镇建设的特殊要求的基础上，重点关注山地生态环境保护与开发利用间的协调，选择合理的开发模式，进行科学的用地布局，实践立体开发，创新节地技术，在具体的城市设计等方面落实用地功能复合，优化道路交通体系，降低能耗和碳排等可持续利用的理念及原则。

在本书中更多地关注山地城镇的新区该怎样去建设，而山地城镇高密度旧区的有机更新、山地城镇微空间改造、特色街道肌理保护与重构等问题还在后续进一步的研究中。

第二节　山地城镇土地可持续利用存在的问题

一、山地城镇建设的特点

由于基础地形的差异，山地城镇规划与平原城市有很大不同。但由于诸多原因，常常在实际操作时偏向于套用平原城镇规划的模式，工程建设的大挖大填，导致了山地生态环境恶化，进而"破坏性发展"，如破山而建、削平山头等现象不但提高了成本，更为严重的是对地形地貌、河流水文等生态环境造成无法挽回的破坏，严重制约着山地城镇的健康发展。在对山地区域土地开发利用之初，要明确该区域城镇建设的特点如下。

1. 道路交通系统复杂

山地区域，由于山水阻隔，地形起伏，增加了交通联系的复杂性与难度。山地城市交通除了一般城镇交通流时空分布的不均衡性和复杂性特点外，还突出地反映出由于受地形明显变化影响而呈现出的多样性、立体化的特点。影响山地城市道路交通系统组织的因素很多，其中最主要的是基于当地特定自然环境条件下的城市交通特征、内外联系方式、总体布局结构和城市的历史现状基础等。特定的山地自然环境条件下形成的山地城市空间结构，也形成了影响山地城市人流、货流交通集散特点（刘小连，2009）。因此，山地城市不可能像平原城市一样进行网格式道路系统的布局，而更多地采取结合地形的分散组团式结构与灵活自由式道路组织系统。

2. 场地设计复杂，土石方平衡难度较大

山地城镇地形复杂，由海拔、坡度和小气候等所引起的各种变化丰富。从竖向规划设计方面看，山地城镇安全、高效开发要建立在精细设计的基础上，需要在工程技术经济和时空建设时序上统筹处理各种复杂的矛盾，难度系数较高。此外，山地城镇场地平整工程量相对较大，土石方就近合理平衡不能简单机械地追求分单个工程、分片、分段的土石方数量的平衡，而是主张利用各种有利条件，

以能否提高用地的使用质量、节省土石方及防护工程投资、提高开发效益等为衡量原则的适当范围内的土石方平衡。

3. 地质灾害隐患问题相对较多

由于山地区域地形变化复杂，气候立体特征明显，常常伴随着地质灾害隐患点较多的问题。山地城镇建设开发要立足于完整地貌单元的尺度系统考虑地质灾害问题，要真正做到因地制宜，要权衡考虑不适宜建设区域的用地性质确定。此外，山地城镇雨水集中，由于地形高差大，山洪流速大，容易引发泥石流、滑坡等次生灾害。

4. 山地城镇竖向景观变化丰富

自然形成的高低起伏的地形地貌、山水格局是山地区域珍贵的自然资源，为山地城镇特有空间结构的塑造和高识别度景观特色的呈现提供了前提条件，变化的天际轮廓线，富有韵律的建筑群和交通系统结合成多维的空间结构，城市和周边及内部的山体、河流形成一个协调统一的整体，形成了山地城镇特有的立体风貌。

5. 开发较易形成新的生态脆弱区

地形复杂易发生地质灾害的山地开发较之于平地开发，技术上更加困难，从而导致投入增加。在开发时，对山地的边坡治理、护坡修建、绿化隔离、防洪泄洪处理、地质灾害防治等都极为必要，而且投入较大。但是由于资金不足，有些环保措施都没有做到位，部分开发后的山地成为生态脆弱区。

二、山地城镇建设开发模式与坝区（平原）的差异性

（一）山地城镇开发的常见模式

1. 坡地利用模式

坡地开发模式的主要特点是建设用地开发较为集中的山坡地主要集中在建成

区中心组团周边。在中心组团聚集效应的带动下，在河谷平地周边，开发建设逐渐向外围扩散，一些坡度相对较缓的山坡地逐步被开发出来，对坡地的利用基本上依托山势进行小规模的土地平整，呈现出随形就势的特点。坡地开发模式能够适应一般情况下的城市开发，并且有利于塑造独具特色的山地城市景观，因此应作为山地开发主导性的开发模式。

2. 谷地开发模式

谷底开发模式的主要特点是建设用地在山谷平缓地带集中分布。谷地模式顺应地形，有利于保持良好的生态景观环境质量，但是用地疏松，适宜用在城区外围的休闲娱乐等功能区域。

3. 开山模式

随着经济的发展，城市建设与土地资源稀缺的矛盾日益突出，为大规模的土地平整创造了条件，在此前提下，一些坡度不大的山坡通过土地平整降低高程和坡度用地开发建设，这种模式对于土地平整的力度和范围较之以往的坡地利用模式更大。开山模式是一种相对简单的土地开发模式，但由于形势单调、与山体关系生硬，因此应将其作为其他开发模式的补充，有限度地使用。

4. 开山平谷模式

开山平谷模式是一种建立在更大规模土地平整基础上的丘陵地开发利用模式。在丘陵地带的谷底与山顶之间选取适当的高程为基准地平，开山填谷，获得较大规模的平整土地。开山填谷模式可以创造规模较大而建设条件优越的平地，但对山地城市特色有一定的损伤，因此应审慎地使用，应更多地用于建设重工业区和活动密集的公共中心。

不同的开发模式各有优缺点（表 1-1），地形复杂的山地城市，单一的山地开发模式并不能适应所有情况，因此应综合运用各种开发模式，并充分利用各个模式的优势、弥补弱势。

表1-1 不同开发模式的比较

	特性	坡地利用模式	谷地利用模式	开山模式	开山平谷模式
经济性	前期工程量	较小	很小	较大	较大
	规模效益	较大	一般	较小	很大
功能适应性		居住、公共设施、小规模工业	工业、居住、公共设施	较小规模的工业、居住、公共设施	各种类型的用地
安全性		一般	较好	一般	较好
生态景观	景观	山体与设施耦合性好，山城特色突出	设施隐蔽性好，山城交融	对山体形态改变较大，产生大量开山创面	形态较呆板，山城特色不突出
	生态环境质量	与开发强度有关	好	与开发强度有关	与开发强度有关
空间资源存量		较多	较少	较多	很多

（二）不同层面山地城镇建设开发与平原坝区的差异

1. 宏观规划层面——空间布局及基础设施规模效应的差异性

（1）平原。由于平原地形有条件进行集中连片开发的面积较大，在开发的过程中，可以选择集中连片开发模式（图1-1），提高基础设施的规模效应，土地利用率较高。

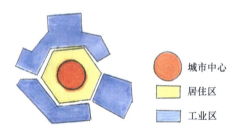

图1-1 平原集中连片开发模式

（2）山地城镇建设区。由于所处的地理位置、海拔高度、地形坡度、气候、降水等条件的差异，山地城镇建设区遵循"紧凑集中与有机分散""多中心、多组团结构""绿地楔入"等原则，区域发展的空间结构和规模呈现多种多样。

"一园多片"发展模式是山地城镇建设中常见的一种空间布局模式，主要指城镇发展围绕一个经济中心，形成树枝状的发展结构模式。这种发展模式一般是由于山体、冲沟、水系等自然条件将城镇或工业生产基地选择在冲沟或山谷之间的槽地或高地上，道路、交通等市政基础设施沿沟谷布置，从而形成了由一个中心向周围有规律的扩散式发展（图1-2），如湖北十堰、广西梧州等。

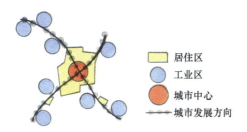

图1-2　"一园多片"发展模式

"带状"发展模式是由于地形或自然地貌条件所限，开发建设用地沿丘陵、山谷或江河延伸呈带状分布，形成带状长条空间结构（图1-3）。"带状"结构一般可分为单中心和多中心两种：单中心带形结构一般只有一个城市发展中心，城市发展的交通方向性很明显，适合规模较小，空间结构单一的区域，如重庆石柱、湖南吉首等；多中心带形结构是由于单中心城市规模进一步扩大、社会经济条件进一步发展、单中心带状向多中心带状沿河谷的一侧或两侧发展而形成的，如甘肃兰州、重庆万州等。

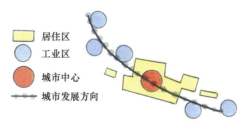

图1-3　"带状"发展模式

"点群"式发展模式是工业、住宅的发展以一个点为城市中心区，集中紧凑的空间布局（图1-4）。这种布局可以有效地组织建设区域的生产和生活，节约建设用地，减少建设投资和运营费用，所以很适合城市发展的初期阶段。这种结构一般适合地形起伏、山水相间的丘陵或山区河谷地带，如四川宜宾、云南丽江等。

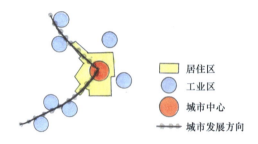

图 1-4　"点群"式发展模式

"飞地"式的发展模式主要是由于地区发展受到某些因素如地形的较大限制，工业区距离城市中心较远，从而将城市分为不同的组团，城市功能区的主要空间发展方向性明显（图 1-5），如湖南株洲、四川仁寿等。

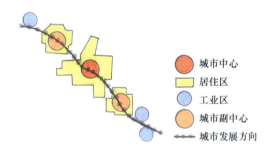

图 1-5　"飞地"式发展模式

2. 微观工程建设层面——台地建设及各单项基础设施用地差异

由于山地地形高低不平，爬坡上坎，与平原地带一马平川相比，山地城镇在各项工程建设方面都体现出差异。

（1）场地建设。由于山地地形比较复杂，地块坡度差别较大，场地竖向规划应采取平坡式和台地式相结合的方式（图 1-6）。其中，场地坡度不大的用地主要采取平坡式，用地布局方面主要考虑建筑跨度比较大的企业，如传统的重工业一般选址在平坡式用地上；地形坡度大的用地在进行场地设计时，通常采用台地式，用地布局上主要根据企业厂房依山势而建，既可以集约利用土地，又能减少对山地工业园区自然生态环境的扰动，创建独具特色的山地城镇或工业园。

图 1-6　山地区域场地建设示意图

（2）道路建设。与平原交通不同，山地区域的交通组织首先受到了地形的约束，要在满足最大纵坡控制的条件下进行布局，常常以"之字路""盘山路"的形态出现（图 1-7）。此外，山地城镇道路除了考虑组织沿等高线方向的水平移动外，还需特别考虑在竖向的移动，使山地交通呈现出立体化的特点。

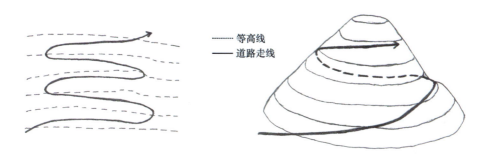

图 1-7　山地区域道路形态与山体坡度的关系

（3）其他单项基础设施。挡墙是用以承受坡地地表的侧压力而设置的墙式构筑物，是山地城镇建设中常见的室外工程。挡墙按其特点可以分为重力式挡墙、锚固式挡墙、剁式挡墙等不同构造类型（方果，2008）。挡墙的设置较护坡来说减少了山地坡顶与坡脚的距离，节约用地，大大提高了土地利用率。

护坡是由于山地地形变化使建筑与建筑、建筑与道路或户外环境之间出现的高差而形成的，其坡脚与坡顶之间应建设成柔软的坡面，并用草坪或灌木、乔木加以绿化处理，以形成优美的室外环境（图1-8）。

图1-8　山地区域挡墙及生态护坡示意图

截洪沟是为防止雨水冲刷而在山岭、挡墙或护坡坡脚与道路之间设置的排洪沟，是在山地区域常用水工建筑（图1-9）。除此之外，各类工程管网的平面位置与高程的确定，都要因地制宜，竖向设计方面的复杂性较平原地区较大。

3. 区域生态防护用地层面——生态保护及地灾防治压力的差异

由于山地特殊的地形条件，山地区域的生态敏感性较平原地区来说更高，对生态环境保护的需求也尤为迫切。然而，但凡进行人工的开发建设，势必会对原生的生态环境造成一定的扰动。因此开发建设活动对山地区域的生态环境的影响较平原地区更大，开发建设活动与生态环境保护之间的矛盾也更多。山地生态环境的敏感性，要求在对其用地进行开发建设的过程中，要谨慎动土、保护植被、精良合理利用原有的地形地貌，宜建则建，宜林则林，以保证山地生态环境的可持续发展。这样，在建设开发区域内，必然有大量土地不能进行建设开发。

图 1-9　山地区域截洪沟示意图

4. 景观营造的差异性——山地区域多样的时空景观

由于山地区域地形变化、立体气候变化、植被变化、景观变化，山区城镇的美具有多样性和动态性。山区城镇具有"一山有四季，十里不同天"的说法，如果在规划设计中能善于捕捉不同时空的景观的特色，必将形成非常具有吸引力的山地城镇（图 1-10）。

综上所述，山地城镇建设开发从宏观层面的开发模式、用地结构与布局，微观层面的场地规划及单项基础设施设计均有较大差异，在区域生态防护用地规划方面应更加重视，而在山地景观营造方面应更加突出特色。

图 1-10 山地城镇景观示意图

三、山地城镇土地可持续利用方面存在的问题

（一）山地城镇土地生态环境脆弱性加剧

山地城镇在先天的优势和劣势方面都非常明显。一方面，山地区域天然动植物资源、矿产资源、水能资源丰富，具有发展多种经营的优越条件，山区更是多民族文化交流渗透、融合的地方，人文景观、旅游资源丰富；但另一方面，山地区域地质灾害易发，如水土流失、滑坡、泥石流、山洪等，并易诱发次生灾害，危及城镇安全。在山地城镇发展的过程中，出现的影响生态安全的土地不可持续利用问题主要体现在土地生态环境脆弱性加剧。究其原因，一些区域规划缺乏系统性，没有对整个山水环境进行系统的分析，而由于部分用地用途不当而加剧了城镇环境的衰退和生态平衡的破坏；一些区域没有因地制宜地利用土地，对具有多宜性的地块选择了价值或功效较低的用途，工业用地分布分散，缺乏系统的环境规划，导致污染源分散，污染物控制难度大。

从对生态环境的影响上看，脆弱性加剧主要体现在以下几个方面：①自然基质的破碎化更严重。自然山体往往是城市野生动植物的涵养区，大量的人工活动加剧了自然基质的硬化趋势，加快了山区生境破碎化趋势。②对山地的开发建设使得山地环境的自然斑块相对尺度变小，降低了整体斑块的稳定性，由于山地环境的特殊性，山体基质一旦破坏就难以恢复，容易造成自然斑块的萎缩。③自然廊道的断裂也是脆弱性加剧很重要的体现，山体廊道是山地环境生态平衡的脉络，一旦被阻隔或贯穿会造成自然灾害的发生，继而影响到整个区域生态稳定。

（二）山地城镇规划设计没有真正做到"因地制宜"的精细化设计

地形、地貌是最基本的自然地理单元，由于山地区域地形地貌复杂，用地的立体特征对规划设计的精细程度、设计水平提出了更高的要求。但是在以往的实际建设中很多方面体现出设计的粗放及不切实际。例如，在道路系统规划方面，契合自然地形的道路体系是山地城镇设计中尤为重要的设计要点，在山地道路设计中，道路线型应当根据地形条件显现出多弯曲、自由分布的特点，且横断面宽度要适宜。但部分山地城镇为了追求气势宏伟而打造超宽景观大道，设计方案粗放，推平或填平沿线山体修建道路，不仅要提高挖填方成本，还要进行后期的生态修复，不可避免地加剧了对生态环境的负面影响。

在绿地系统规划方面，山地城市绿化廊道通常位于冲沟、河谷和台地之间较陡的坡地等生态敏感度较高的区域。在规划建设中，设计者往往会忽略这些绿化廊道，采用异地补偿等方式来满足城市绿地指标，但却阻塞了原本通畅的绿化廊道，进而整个绿化系统都受到干扰，无法形成体系。多数中小县城在规划建设中不够规范，破坏了廊道完整性与连续性，造成城镇热岛效应严重，次生灾害频发。

（三）山地城镇土地利用效率较低

一方面，山地城镇在开发过程中，由于地形地貌及地质条件的制约，可集中连片开发的土地资源有限，多呈组团式的城市空间结构，从基础设施投资成本、环境治理成本等各方面测算，单位面积用地开发投入较大，且开发区域内能够提供建设的用地面积较少，土地开发效率较低；另一方面，当前，山地城镇土地开发尚存短视行为，一些地方政府为引进开发项目、留住开发商，在土地用途确定时缺乏科学性。如何使得山地区域开发出的用地能够有最大化的使用效益，从经济、社会、生态三方面体现出用地的"性价比"是亟待解决的问题；此外，一些区域在山地城镇开发初期预期的开发速度较快，对用地的吸引力估计过于乐观，在用地出让环节由于价格、产业、配套等因素限制，影响一部分用地企业的积极性，使得已开发出的用地暂时闲置，影响土地利用的整体效率。

四、山地城镇土地可持续利用面临的主要制约因素

从以上对山地城镇土地可持续利用方面存在的问题的梳理，可以进一步分析出山地城镇土地可持续利用面临的主要制约因素体现在以下三个方面。

（一）技术层面的制约

影响山地城镇土地可持续利用的技术层面的问题主要表现在山地开发前期调查不够全面，评价方法不尽合理，规划设计方案不够科学等方面。对于地形复杂多样的山地区域，仍然以经济效益为单一目标，对用地进行单纯的工程评价，显然已经不能为城镇用地选择提供足够科学的依据。在以往的实际工作中，进行前期评价和规划时，一些区域对土地系统的生态服务价值不够重视，其未能充分利用城镇的自然生态资源，土地利用布局没有形成很好的山水格局，造成现代城镇地方特色的丢失；还有一些区域的开发对生态环境影响的滞后性预估不足。

（二）管理层面的制约

管理层面对山地城镇土地可持续利用的影响体现在：一方面，在山地城镇建设项目竣工后，没有及时地监测用地变化带来的生态环境影响，故无法及时地反馈规划前期论证的不充分及规划、设计方案的不甚科学之处，不能及时进行具有显性、隐性生态环境危害的用地行为的制止，同时，在环境监管方面，对山地区域在污染排放等级等方面没有更严格的限定；另一方面，对于用地可持续的监管缺乏山地特定的标准，缺乏不同尺度的可持续用地评价，在用地过程中缺乏全生命周期管理，没有把土地用途管理、利用效益管理、用地取得与退出等方面的

信息系统地进行管理，山地土地利用的效益无法得到科学的评价及合理的改进；此外，山地城镇在管理过程中，一些基于山区资源的生活方式、人为利用方式不当导致的土地利用及人居环境不协调方面的问题也会导致区域土地不可持续利用。

（三）制度设计层面的制约

影响山地城镇土地可持续利用的制度设计层面的问题主要体现在：一方面，由于国家统一的供地及用地政策的执行，山地区域先天的用地成本高、用地效率低的劣势未能在制度设计层面给予弥补，故山地对许多用地企业的吸引力打了折扣，由此引发的用地流拍、用地闲置等问题在某些山地区域有所显现，地方土地制度创新的空间有限，不能差异化地对供地价格进行浮动和调整，缺乏政策的激励，没有更多的用地优惠条件，导致山地城镇土地利用效率降低；另一方面，山地城镇开发用地企业融资渠道单一，限制了企业发展的速度，导致了山地土地利用的活力不高。由于生态金融体系及生态金融产品结构和形式还较为单一，在制度设计层面没有把山地区域的环境及周边资源的隐性价值进行核算并作为企业融资的担保进入生态金融市场，在融资方面对山地城镇建设的可持续性也有一定影响。

参 考 文 献

方果. 2008. 丘陵地貌影响下的城市设计研究. 长沙：湖南大学.

刘小连. 2009. 山地城市道路与场地竖向规划研究——以重庆市为例. 重庆：重庆交通大学.

第二章

山地城镇建设开发生态用地布局
理论与方法

第一节　山地城镇生态用地布局的理论基础

一、景观生态学理论

　　山地城镇生态用地的布局，不仅只是数量上的配置，同时要考虑空间上的布局以及斑块的面积、形状和连通度等景观结构特性。如何在具有空间异质性的景观格局的基础上对生态用地进行科学合理地布局，是值得思考的问题。而景观生态学作为一门新兴学科，集成了多方位的现代生态学理论，并突出对格局–过程–尺度–等级的相关关系、空间异质性的形成以及结构和功能与生态学过程的相互作用的重点研究，这为生态用地的科学合理地布局提供有力的理论基础和技术方法。本书以邬建国先生（2007）撰写的《景观生态学——格局、过程、尺度与等级》为基础，简要介绍景观生态学中的岛屿生物地理学理论、景观连接度和渗透理论。

1. 岛屿生物地理学理论

　　在 1981～1983 年，学者们发表了一系列文章强调景观生态学是着重于研究不同尺度上不同生态系统的空间格局和相互作用的学科，并提出了"斑块–廊道–基底"

模式，该模式是构成区域景观镶嵌体的基础。同时，Burgess 和 Sharpe 于 1983 年合作编写了 *Forest Island Dynamics in Man-dominated Landscape* 一书，该书强调了岛屿生物地理学理论在研究景观镶嵌体中的作用，被称为北美最早的景观生态学专著，岛屿生物地理学理论为景观生态学系统的理论框架构建起到重要作用，并对景观生态学代表问题"景观空间异质性与生物体、物质和能量流之间的相互作用"做出了一定的解释，所以景观生态学受到岛屿生物地理学理论的深远影响。

岛屿生物地理学的研究对象是海岛和路桥岛，但其理论被广泛地应用到了岛屿状的生境研究中。岛屿生态地理学相关学者发现物种丰富度随岛屿面积或陆地群落的取样面积呈现单调增加趋势（邬建国，2007）。Preston（1962）提出著名的种-面积方程，认为丰富度和斑块面积存在正相关关系，该正相关关系受到地理位置的影响。随后 Preston（1962）和 Macarthur（1963）提出了岛屿生物群落的动态平衡概念。该理论认为岛屿物种丰富度取决于两个过程：物种迁入和灭绝。而某一岛屿可承受最大种数是有限的，当已定居种数越多，新迁入的种能定居的可能性越小，迁入率越低，同时已定居的灭绝的概率则越高，二者关系如图 2-1 所示。该图表明，岛屿的物种丰富度存在"距离效应"和"面积效应"。因此，面积

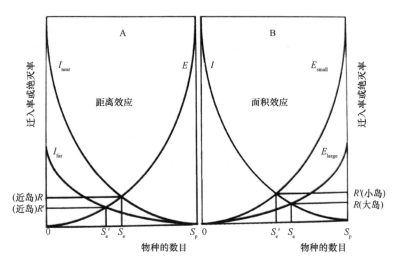

图 2-1　岛屿生物地理学理论图示（Wu and Vankat，1995）

迁入率和灭绝率分别为 I 和 E，岛上存在的物种数量 S，物种数量的平衡值 S_e；
平衡状态下的物种周转率等于迁入率或灭绝率

较大而距离较近的岛屿比面积较小而距离较远的岛屿的平衡态物种数量更大。所以在建立生态重要性指标体系时，应引入生态用地斑块面积反映区域景观结构和物种丰富度。

2. 边缘效应

边缘效应（edge effect）是指斑块边缘部分由于受外围影响而表现出与斑块中心部分不同的生态学特征的现象（邬建国，2007）。斑块的结构特征对生态系统的生产力、养分循环和水土流失都会产生重要影响。由于边缘效应的存在，生态系统光合作用效率以及养分循环和收支平衡特征都会受到斑块大小和相关结构特征的影响（邬建国，2007）。相关研究表明，斑块边缘通常是风蚀或水土流失的高发区。而斑块越小，越容易受到外界环境的干扰；斑块的抗干扰能力除了与斑块面积相关，也与斑块的形状相关。

斑块形状和特点可以用长宽比和周界-面积比指数表示，通常认为斑块长宽比或周界-面积比越接近正方形和圆形，其形状越紧密（邬建国，2007）。斑块形状和功能的一般性原理认为，紧密型形状在单位面积中边缘比例小，有利于保蓄能量、养分和生物，稳定性更强。Johnson 和 Temple（1986）研究了森林破碎化对鸟类种丰富度的影响，如图 2-2 所示。结果发现物种丰富度与斑块面积和形状存在一定的数量关系。对于生境破碎化敏感种而言，斑块面积过小以及斑块过于松散（即单位面积中边缘比例过大）会导致内部生境（核心区）面积紧缩，从而导致灭亡。

山地生态系统相对于平原的生态系统，其敏感性更高。山地城镇的建设开发恰会导致生态用地的破碎化，因此在生态重要性评价指标中应加入周界-面积比，保护山地城镇建设区内紧凑型的生态用地，减缓建设开发的扰动和影响。

3. 景观连接度和渗透理论

动植物种群除了需要一定面积的生境斑块外，生境斑块之间还需要保持一定的连通性，以保证生长和繁殖顺利进行，以及物质和能量的流动和交换。景观连通度是指景观空间结构单元间连续性程度，既包括景观结构性的连续（结构连接度），也包括景观格局促进生态学过程在空间上的扩展能力（功能连接度）。景观连通度的大小与特定研究对象和其渗透能力密切相关。

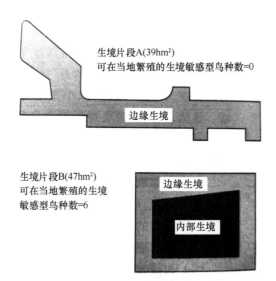

图 2-2　生境斑块大小和形状对物种多样性的影响（Johnson and Temple，1986）

渗透理论认为，充当媒介的密度达到某一临界密度时，渗透物突然能从媒介材料的一端到另一端，这也称为临界阈现象。生态学中的临界阈现象十分普遍，如最小生境面积、最小存活种群，以及许多"突发性饱和"和"突发性衰减"的骤变过程。景观连通度对生态学过程（如水土流失、森林火灾）的影响往往表现出临界阈特征。本书试图将渗透理论和景观连通度用于确定生态用地综合扩张阻力的临界阈，实现生态用地保护等级的划分。

4. 等级系统理论

广义上，等级是一个由若干单位组成的有序系统。等级系统中每个层次是由不同的亚系统或整体元组成的。整体元具有双向性，即在更低层次表现出整体特性，而对于更高层次则表现出从属的受约束特性（邬建国，2007）。等级系统具有垂直结构和水平结构。垂直结构是指等级系统中层次数目、特征和相互作用的关系，而水平结构则是指同一层次上整体元的数目、特征以及相互作用。等级系统可分为巢式和非巢式两大类，在巢式等级系统中，高层次由低层次组成，即相邻的两个层次之间有完全包含关系和被包含关系组成。

本书借鉴等级系统理论,构建山地城镇建设项目区的景观安全格局等级系统,如图 2-3 所示,该等级系统属于巢式等级系统,把是否能对项目区生态环境和生态平衡产生重要作用,以及受人类干扰程度的大小差异作为项目区景观格局评判的标准,将其分为生态用地和非生态用地。再通过构建生态重要性评价指标体系,识别核心型生态用地、重要型生态用地和过渡型生态用地以及一般型生态用地。

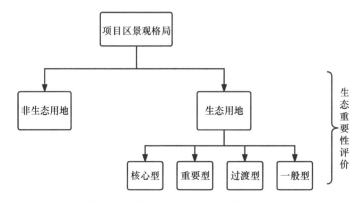

图 2-3　项目区景观格局巢式等级系统

二、生态空间与建设开发权衡理论

(一)权衡概念的界定

国际上,对于"权衡"一词最早可追溯到 1967 年,该词在物理学领域首次被提出,其目的在于探讨信号的可检测性、准确性、分辨率和背景抑制间的关系(Berger and Brookner,1967)。此后多个研究领域引用"权衡"以理解事物间的相互作用关系。

(二)土地利用功能权衡

土地利用功能类型多样、空间分布不均衡并且受人类决策支配,长期以来土地利用功能之间的关系出现了动态变化,主要表现为此消彼长的权衡关系、相互增益的协同关系等。其中,权衡(trade-off)是指某些类型土地利用功能的增强会引起其他类型土地利用功能的减弱;协同(synergies)是指两种及两种以上的土地利用功能同时增强或者减弱的状况。目前权衡与协同研究是国际上生态系统服务领域的热点之一，但是关于土地利用功能权衡与协同的研究仍较少。

本书以生态系统服务权衡与协同研究，反映生态保护与建设开发在土地功能上的权衡。这里，我们将生态用地和建设用地反映生态保护与建设开发权衡关系。在传统研究中，逻辑出发点与生态红线类似，即以减轻对自然生态系统影响、维持生态安全为目的。生态用地与建设用地在土地功能上，具有不可替代性，表现为相互割裂、对立。生态用地发挥自然生态功能（水源涵养、水土保持、防风固沙等），建设用地发挥社会经济功能，二者是相互权衡的（沈悦等，2017；陈阳等，2020）。

在生态系统服务权衡与协同关系识别过程中，更多地注重生态用地间生态系统供给、调节和支持服务的权衡与协同。例如，Chisholm（2010）通过建立动态的生态经济模型，分析 Jonkershoek 峡谷自然保护区在经济激励下，增加碳封存和木材生产带来的好处以及对供水带来的影响，以判断植树造林在经济上的可行性。结果表明，在植树造林政策下，自然保护区的碳封存量明显增加，同时也导致自然保护区的供水量急剧下降，固碳与水源涵养之间表现为显著的权衡关系。Crouzat 等（2015）以法国阿尔卑斯山为研究区，研究阿尔卑斯山森林生态系统中4 种生态系统服务类型共 16 种生态系统服务与生物多样性之间的关联和共存模式，结果表明游憩旅游与植物多样性和作物生产之间呈负相关的权衡关系，碳储量与木材生产和水源调节之间为多重正相关，且碳储量还与生物多样性和土壤侵蚀存在相关关系。尹礼唱等（2019）以国家屏障区为研究区，分析固碳、产水与土壤保持的权衡与协同关系，从而为制定合理的生态保护政策提供依据。张宇硕和吴殿廷（2019）分析京津冀地区净初级生产力、粮食生产、水源涵养和土壤保持四类生态系统服务的权衡与协同关系，结果表明高值区普遍集中在西北山区，而低值区集中在平原地区。

通过从生态用地与建设用地的生态功能权衡研究发现，目前生态功能主要集中于生产服务、调节服务以及支持服务功能，而较大程度上忽略了社会文化服务功能，如景观美学功能，旅游休憩功能等，缺少对社会文化服务维度的权衡。因此，在研究结果上往往表现为，强调采取保护行为以减少人类活动对自然环境的扰动，主张权衡生态保护与建设开发来确定生态保护红线以及城镇开发边界，从而忽略生态系统服务的多重性以及生态服务价值的人文性，割裂了人地耦合关联（陈阳等，2020）。

（三）生态空间格局及其演变——数量与空间上的权衡

1. 生态空间演变作用机理研究

（1）微观——对生态空间的利用行为分析。总结目前对于空间演变驱动分析的研究成果，可以将对空间的利用行为分为以下几部分（杨庆媛，2000；谭淑豪等，2001；马学广，2011）：一是城镇化建设。人口向城市集聚造成人口、经济、交通等方面对生态空间挤压，如经济城镇化通过扩大占地规模促进经济总量增长，压缩生态空间，从而增加生态环境的压力。二是矿产资源开发利用。矿产资源的开发利用不可避免地产生环境污染，从而占用和破坏生态空间。矿产资源开发利用产生的环境污染包括地下水下降和污染，含水层枯竭，土壤污染等。三是农业资源开发。森林进行的大量林业开发或转为耕地、园地等其他农用地，草地发展畜牧业或开垦为耕地，湿地等发展水稻田、渔业等，滩涂围垦造田、引淡洗盐、水产养殖等，农业资源过度开发将引致水土流失、土壤沙化、土地板结、肥力下降、水源污染等。四是生态产品及服务享用。通过旅游、疗养、构建生态住宅等方式直接利用自然生态空间。自然生态空间用途转换的过程实质是功能多宜性递减的过程（李秀彬，2002）。

（2）宏观——城镇空间和农业空间对生态空间的挤兑作用。根据各类国土空间的含义及空间演变的形态特征，国土空间可分为城镇空间、农业空间以及生态空间三大部分。这三类空间的面积总和构成了整个国土空间。结合生态空间的利用行为分析，受空间结构需求的社会驱动力的影响，人类的空间利用行为使得城镇空间与农业空间具有向自然生态空间挤占的作用（李秀彬，2002）。根据 Conzen（2004）提出的周期性理论，空间用途转变是具有加速、减速和稳定变化状态的过程，而影响因素主要包括地形、景观类型、发展需求以及资源禀赋等（空间作用传导机制如图 2-4 所示），地形变化起伏越小，社会活动弧向下移动速度越快。山区自然景观空间被侵占的可能性要明显低于平原区；森林景观相对草原、滩涂等被侵占的可能性较低；混合景观的生态风险最高，混合空间占区域范围越大，受区域快速城市化过程的影响最为明显，社会活动弧向下移动速度越快。自然资源禀赋越高，经济发展对资源的依赖越明显，社会活动弧向下移动速度越快；地域区位发展需求越旺盛，社会活动弧向下移动速度越快（李景刚等，2008）。若不通过用途管制方式控制社会活动弧范围，生态空间将持续不断被城镇空间和农业空间侵蚀，直至人口增长停止或人口衰减，人类生产生活的需求减弱为止（陈利顶等，2013）。

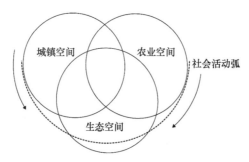

图 2-4　行为主体对空间作用传导机制（沈悦等，2017）

2. 生态空间的规划与管控

总结国内外学者对于生态空间的规划与管控研究成果，国内学者更多聚焦于"生态红线"导向的直接管制策略以及"精明增长"导向的间接管制策略，部分学者在此基础上融合国土空间规划，提出生态空间管制分区的要求（沈悦等，2017；王甫园等，2017；陈阳等，2020）。

国内学者认为实施生态空间用途管制策略的前提是：第一，需要明确中国生态文明的发展阶段和生态文明发展战略，确定区域主导功能，并配套差异化的生态管制机制；第二，有效的用途管制应建立在明晰的生态空间与生态红线范围的基础上，这需要有完善的国土空间规划体系，确定"三大空间"和"三条红线"，细化地类约束条件；第三，实施成效取决于监督管理力度与惩罚力度的强弱，因此需要明确管控单位、管制主体与管制职责（沈悦等，2017）。

目前，国内对于生态空间管制分区可归纳为生态要素论、生态功能论和生态格局论三种观点（高吉喜等，2020；邹晓云等，2018），如表 2-1。现有的管制分区的认知落后于空间治理现代化的要求，存在一定的局限性。因为在国土空间的规划中，生态空间管制事关不同主体、客体以及单元的多维决策（沈悦等，2017）。因此，唯有确立实体、功能、管理三重空间协同三维价值取向，方能支撑生态空间管制的科学性和有效性。在实施路径上，尚未建构层次分明的生态空间分级分类体系。在国土空间规划视域下，比较传统"土地""城市""环境"等对象，国土空间被赋予的要素、功能、关系都更为复杂。因此，生态空间作为一个具有异质性、复杂性和多元化的系统组织，需要构建相应的分级分类体系支撑精细化、差异化的治理需求，而目前所采用的方法，仍无法满足需求（赵毓芳等，2019）。学者们根据生态空间管制存在的问题，提出了生态空间管制分区的三点核心需求：①保障性需求。中国规划体系由传统"多规"分立转为统一的国土空间规划，治理逻辑由"先发展、后保护"转变为"协调开发与保护"，因而国土空间规划中生态空间的划定既要保护生态系统服务或生态产品的空间，又要确保生产生活资料的持续供给，维持生态系统降解污染的能力，保障生存需求，兼顾人、自然和社会和谐共生，破解目前生态空间管制即是"划分地盘"的局面，化解经济发展与生态保护的零和博弈。②发展性需求。即从关注生态空间划定转向关注生态空间内部组织，形成精细化、差异化、高效化的管制分区，服务于高效率治理。

表 2-1　生态空间管制分区的主流观点（陈阳等，2020）

观点	价值取向	核心内容	研究方法	不足
生态要素论	关注不同生态要素载体的分类	以自然属性或生态特征为判断准则，对生态要素所在空间范围的分类	土地生态功能法、土地利用/覆被法等	生态空间功能的复合性导致分类的不确定性
生态功能论	强调对生态系统服务功能的权衡	集成多重因素，通过评价方式识别生态系统服务功能的高低确定生态空间	生态环境敏感性评价、生态功能重要性评价、生态保护优先度评价等	出发点与生态红线类似，即以减轻自然生态系统的人为影响而维持生态安全为目的，侧重对自然生态系统服务的权衡。忽视人与生态系统的交互关系，缺少对社会文化服务维度的权衡
生态格局论	聚焦地表生态景观的空间结构与组织	建立人–地交互影响关系，构建节点、廊道、网络等生态空间结构	生态阻力面、生态网络分析、形态学格局分析等	构建的空间结构具有一定的抽象性，在管理中缺乏抓手

其核心在于如何通过分层、分级、分类原则构造精细化的生态空间格局,维持生态系统功能的高效率运作。③提升性需求。即国土空间规划的最终目的——以人为本。这要求生态空间不仅要提供安全的环境或生态产品,更需要支撑人类对宜居环境、优质资源的高品质物性追求,以及对娱乐、审美、教育等精神需求。因此,在国土空间优化逻辑中,生态空间管制分区不应一味地强调"隔离式"的保护理念,使生态系统服务失去可用性,割裂服务供体与受体的联系;适时适度地从"物种保护"到关注"人的需求"(赵毓芳等,2019),考虑人类对生态系统服务的诉求,落实人与自然和谐共生的理念。

(四)国外对生态空间管控的研究

国外对于生态空间的管控研究主要集中在生态空间治理理论与公平理念下生态空间格局及其优化研究。

1. 生态空间治理理论

有效地进行城市生态空间治理,有利于增进生态系统服务,提升居民福祉。生态空间治理包含很多不同行为者、要素和关系的复杂过程,最终目的在于为使用者提供最大利益(Jansson and Lindgren,2012)。其研究主要聚焦于两个方面:一是治理原则。西方新公共管理原则——规格、定价、监测和服务功能强化,成为生态空间设计和治理的标准化框架。后续研究则提出生态空间设计和治理的 4 条新原则:协调、沟通、激励和权力制约(Lindholst,2008)。二是治理结构和挑战。治理的行为者包括非政府组织、管理者、市民等,行动者合作网络、分权化以及利益相关者的引导的生态空间治理是有效的方法(Dennis and James,2016)。生态空间治理挑战主要包括:人口增长和市政预算约束、专业知识的缺乏、沟通不足以及行为者对生态空间感知利益较低(Nadja,2015)。

2. 公平理念下生态空间格局及其优化研究

国外主要基于公平性理念研究城市生态空间格局及其优化机理,重视从社区尺度(甚至更小)研究生态空间景观格局、质量分布及可达性,揭示生态空间享用的社会平等状态，反映以人为中心的研究导向。例如，Gupta 等（2012）以生态空间覆盖率、可达性、建筑物高度和密度等为影响因素，利用邻近绿色指数（neighborhood green index）和栅格分析法划分邻里空间，揭示绿色指数的空间分布格局。相关研究指出，城市公共生态空间分布平等状况受区位、人口聚居地的种族和社会经济地位（Dai，2011）、生态空间的形态与布局的影响。这些调查研究与分析，对公平的城市生态空间规划和空间治理具有一定的指导作用。

总之，国内对于生态空间与建设开发权衡研究兴于 20 世纪 90 年代，研究成果较为丰富，研究方法多元，但是仍存在部分缺陷，不能适应社会经济发展的需要（王甫园等，2017）。具体表现为，对社会–生态空间的交互研究力度较弱，弱化了人类对生态系统提供社会文化服务的直接感知，割裂了人地耦合关联，过于放大以减轻自然生态系统的人为影响，从而达到维持生态安全的目的，使得生态保护与建设开发和人类发展形成相互对立的局面。但实际上，对人类而言，生态系统的核心功能在于提供生态系统服务价值。生态系统服务是基于人类对自然资源或生态功能的需求，通过人类价值判断体系赋予的价值。这表明生态空间与人类存在一种以生态系统服务为纽带的连接关系，即生态空间是供体，人类是受体，其纽带是由生态空间向人类输送的生态系统服务（陈阳等，2020）。导致国内研究仍集中于生态空间格局及其物质规划方面这一现象背后的原因，与发展中国家的城市环境质量不高、基本生态空间压力大的国情有关（王甫园等，2017）。今后，我国应加强社会–生态空间交互关系及其机制、城市生态空间格局及其规划理论研究，加强尺度转换和区域差异等分析思想的融入，揭示城市群–大都市–城市–社区等多级尺度下的生态空间保护与利用格局及其规律，探索生态空间保护与利用的理想模式（王甫园等，2017）。

三、相关研究方法

通过查阅相关资料和文献将生态用地的布局相关方法分为以下三大类。以运筹学为理论基础的多目标线性规划法、以元胞自动机模型为主的土地系统模拟方法和应用极为广泛的基于岛屿生物地理学的最小积累阻力（MCR）模型。

1. 多目标线性规划法

线性规划是运筹学中研究较早、发展较快、应用广泛、方法较成熟的一个重要分支，它是辅助人们进行科学管理的一种数学方法。而多目标线性规划属于线性规划的重要部分，其强调在相同的线性约束条件下，实现多个线性目标函数的最优解。在土地利用规划上，该方法广泛用于对不同地类的数量或面积进行科学合理的配置。求解多目标规划的方法主要有两大类：一类的思想是化多为少，将多目标规划转为多个单目标规划进行求解，主要有主要目标法、理性点法等；另一类为分层序列法，该方法假设目标之间有明显的优先级，且重要性无法比较。通过将目标按照重要性给出优先序列，每次都在前一目标最优解集内求下一个目标最优解，直到求出共同的最优解。其数学模型如式（2-1）和式（2-2）。

$$Z = F(X) = \begin{cases} \max(\min) f(x_1) \\ \max(\min) f(x_2) \\ \vdots \\ \max(\min) f(x_n) \end{cases} \tag{2-1}$$

线性约束：

$$\rho(X_i) = \begin{cases} \varphi(x_1) \\ \varphi(x_2) \\ \vdots \\ \varphi(x_n) \end{cases} \leqslant G = \begin{cases} g_1 \\ g_2 \\ \vdots \\ g_n \end{cases} \tag{2-2}$$

式中，$F(X)$ 是 k 值函数向量，k 是目标函数的个数；G 是 m 值常数向量，m 是约束方程的个数。

但是多目标线性规划只能进行数量结构上的优化，而土地利用类型或生态用地存在空间异质性，土地利用结构除了强调数量的配置，更强调空间上的布局。所以，多目标线性规划在空间布局上存在一定的局限性。

2. 土地系统模拟方法

土地系统是由自然因素、人类土地利用活动及其影响因素构成的地域综合体。

土地系统动态模拟是一个预测土地系统结构何时、何地、为何以及如何变化，并引发不同环境效应的过程，模型大多包含于土地利用/覆被变化模型中，且均着眼于区域人口增长、经济发展以及自然环境变化等宏观背景下的土地系统结构和空间演替格局的模拟（邓祥征等，2009）。近几年，该模拟方法广泛用于生态保护措施和生态安全红线划定等方面，通过预测措施实施的可行性，为相关决策和管理提供一定的支撑。

（1）CGELUC 模型（computable general equilibrium of land use change model）是基于可计算一般均衡（CGE）模型理论框架构建用于评估土地政策的宏观定量分析模型，可综合考虑自然、经济系统诸多要素对土地利用的影响。该模型的基本思路是将土地划分为服务社会经济发展的生产用地和服务生态环境需要的生态空间，为实现人类生存发展总需求最大，生产用地和生态空间会重新配置形成新的土地利用数量结构（吴建生等，2017；文雅等，2017）。CGELUC 模型可划分为土地利用转换模块、生产行为模块等九个模块，其中国际贸易模块、储蓄投资模块和宏闭合模块等模块与 Dixon 等（1984）提出的 ORANI 模型保持一致。考虑篇幅和研究重点，本书着重介绍 CGELUC 土地利用转化核心模块土地利用转换模块。

土地利用转换模块：由于人类活动对土地利用影响日益加强，土地利用类型转化研究的复杂程度不断加大，采用简单的里昂惕夫（Leontief）生产函数描述土地利用类型转化关系，公式为

$$\mathrm{Dl}_{zl}(t) = \min\left\{ \frac{\mathrm{Xl}_{c,zl}(t)}{\mathrm{axl}_{c,zl}(t)}, \sum_l \mathrm{Fl}_{l,zl}(t), \frac{\mathrm{Yl}_{zl}(t)}{\mathrm{ayl}_{zl}(t)} \right\} \tag{2-3}$$

式中，$\mathrm{Dl}_{zl}(t)$ 为年份 t 新增的第 zl 种土地面积数量；$\mathrm{Xl}_{c,zl}(t)$ 为第 zl 种土地利用竞争过程中 c 种中间投入数量；$\mathrm{axl}_{c,zl}(t)$ 为该过程 c 种中间投入的直接消耗系数；$\mathrm{Fl}_{l,zl}(t)$ 为该过程中投入第 l 种土地面积数量；$\mathrm{Yl}_{zl}(t)$ 为中间产品消费数量；$\mathrm{ayl}_{zl}(t)$ 则表示该过程的中间产品的直接分配系数。当公式中的转化系数达到峰值时，会形成如下函数关系：

$$\begin{cases} \mathrm{Yl}_{zl}(t) = \mathrm{ayl}_{zl}(t)\,\mathrm{Dl}_{zl}(t) \\ \mathrm{Xl}_{c,zl}(t) = \mathrm{axl}_{c,zl}(t)\,\mathrm{Dl}_{zl}(t) \\ \mathrm{Fl}_{l,zl}(t) = \omega_{l,zl}(t)\,\mathrm{Dl}_{zl}(t) \end{cases} \tag{2-4}$$

在此基础上，采用柯布-道格拉斯（Cobb-Douglas）函数描述土地利用竞争过程中生产函数关系，公式为

$$\text{Yl}_{zl}(t) = \text{bl}_{zl}(t) \prod_f \text{Fll}_{f,zl}(t)^{\beta l_{f,zl}(t)} \tag{2-5}$$

式中变量均为土地利用竞争中生产函数的重要参数：$\text{bl}_{zl}(t)$ 为规模系数；$\text{Fll}_{f,zl}(t)$ 为该函数中要素 f 的投入；$\beta l_{f,zl}(t)$ 为要素 f 投入的份额参数。

基于上述函数关系，可得到 t 年份 l 种土地利用数量结构 $\text{FFl}_l(t)$，公式为

$$\text{FFl}_l(t+1) = \text{FFl}_l(t) + \text{Dl}_{zl}(t) - \sum_{zk} \text{Fl}_{l,zk}(t) \tag{2-6}$$

（2）土地利用动态模型。土地系统动态（DLS）模型以区域土地系统为研究对象，综合考虑土地空间权衡的外部环境和内部反馈作用，模拟土地系统格局演替的模型。栅格是土地利用类型最简单的空间表达载体和土地系统演化的基本单元，DLS 模型将栅格作为用地类型分布约束和土地供需平衡的研究单元，有助于揭示土地利用类型分布的驱动机理和开展土地供需平衡的准确评估，是当前土地利用动态模拟的有效工具。DLS 模型可分为栅格尺度用地类型分布的驱动模块和栅格尺度土地供需平衡模块两部分，限于篇幅本书重点介绍栅格尺度用地类型分布的驱动模块。

本书选择非线性模型作为土地系统格局演替模拟模型。

假设栅格 i 为第 k 种土地利用类型的概率为 $p_i^k = P\left(y_i^k = 1 \middle| X_i, \hat{y}_i^k\right)$，条件概率以 Logistic 函数形式表示，公式为

$$\begin{aligned}
p_i^k &= \frac{1}{1 + \exp\left[-\left(\alpha_0^k + \alpha_1^k x_{i1} + \alpha_2^k x_{i2} + \cdots + \alpha_l^k x_{il} + \cdots + \alpha_L^k x_{iL} + r\hat{y}_i^k\right)\right]} \\
&= \frac{1}{1 + \exp\left[-\left(\alpha_0^k + \alpha^k X_i + r\hat{y}_i^k\right)\right]}
\end{aligned} \tag{2-7}$$

式中，p_i^k 为栅格 i 出现 k 种土地利用类型的概率；α_i^k 为自然与社会经济驱动因子的系数；$\alpha^k = \left(\alpha_1^k, \alpha_2^k, \cdots, \alpha_i^k, \cdots, \alpha_L^k\right)$ 为系数组成的向量；r 为空间自相关因子系数；$\hat{y}_i^k$ 为空间自相关因子。基于此求得栅格 i 为 k 种土地利用类型的似然比，经对数

变换得到栅格尺度用地类型分布驱动非线性模型，公式为

$$
\begin{aligned}
\text{logit}(t) &= \ln\left(p_i^k / \left(1 - p_i^k\right)\right) \\
&= \ln\left(\exp\left(\alpha_0^k + \alpha_1^k x_{i1} + \alpha_2^k x_{i2} + \cdots + \alpha_l^k x_{il} + \cdots + \alpha_L^k x_{iL} + r\hat{y}_i^k\right)\right) \\
&= \alpha_0^k + \alpha^k X_i + r\hat{y}_i^k
\end{aligned} \qquad (2\text{-}8)
$$

运用 CGELUC 模型和土地系统动态模拟模型（DLS）并作适当扩展，通过计算机实验模拟，探索最优山地城镇土地可持续利用模式。

（3）元胞自动机模型。元胞自动机模型（cellular automation model）是经典的土地系统模拟方法，指一类由许多相同单元组成的，根据一些简单的领域规则即能在系统水平产生复杂结构和行为的离散型动态模拟（Wolfram，1984）。该模型假设：①栅格中所有像元可具有的属性值是有限的；②每一栅格像元的状态是由他与相邻细胞的局部作用而决定的，这些作用通过一系列的领域规则进行定义；③领域规则可以是确定型或随机型；④局部的领域规则在整个研究区具有一致性；⑤像元由一种状态转为另一种状态在时间上是离散的。

具体来说，二维的元胞自动机的计算思路是将元胞定义为具有空间位置的点，该点由 i 和 j 确定其具体位置，而该位置上的取值由具体研究对象确定可是整数型也可是浮点型。每相隔 Δt，各个位置上的元胞 ij 的值为 α_{ij}，考虑相邻元胞的影响，领域关系是四邻域关系，具体公式如式（2-9），示意图如图 2-5 所示。

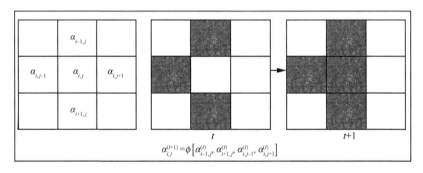

图 2-5 元胞自动机模型示意图（邬建国，2007）

元胞自动机的优点在于其可根据研究目的设定邻域规则，从而模拟复杂行为，并实现对系统未来发展状况的情景分析（邓祥征等，2009）。缺点在于设定相应的邻域规则主观性较强，模型结构、变量和参数故居方面存在较大的不确定性，从而直接影响模型的有效性。

$$\alpha_{i,j}^{(t+1)} = \phi\left[\alpha_{i-1,j}^{(t)}, \alpha_{i+1,j}^{(t)}, \alpha_{i,j-1}^{(t)}, \alpha_{i,j+1}^{(t)}\right] \qquad (2\text{-}9)$$

3. 基于岛屿生物地理学的最小累积阻力模型

最小累积阻力（minimum cumulative resistance，MCR）模型是 Knaapen 等（1992）在岛屿生物地理学的基础上所提出的，由于该方法兼具空间可视化和定量分析的功能，是目前实现土地利用生态安全格局构建的较好工具之一。生态安全格局理论认为，物种迁移、生态流扩散、栖息地维护均需要克服一定的景观阻力，而生物穿越异质景观过程中累计阻力最小的通道就是区域中的最适宜通道，这体现了不同物种及生态源地间的潜在可达性。MCR 模型综合考虑了景观单元的垂直生态过程和水平生态过程，可全面地反映景观单元的生态适宜性和生态潜在可达性，在土地利用生态安全格局领域适宜性较好、应用前景广泛。

MCR 模型是指物种从某个"源"点到目标所在地的过程中所需克服的总阻力的模型。一般情况下，阻力系数会被定义为具体的值，且阻力值最小处为源点，通常定义为 1，其他影响因子的确定通常是综合考虑矿区的实际情况，以及研究区域的建立路径目标来决定的，并且单元阻力系数随研究目的的不一样而变化。具体公式表达如下：

$$P = f\sum_{i=1}^{i=n}(d_i \times r_i) \qquad (2\text{-}10)$$

式中，P 为景观 i 迁移到景观 n 的成功的概率；f 为待定单调递减函数；d_i 为通过景观 i 的距离；r_i 为景观 i 的阻力系数。函数 f 的精确形式一般是不清楚的，但由于它是单调的，乘积之和（$d_i \times r_i$），即"累积阻力"，可以用来表示整个轨迹迁移的相对难度。图 2-6 为 MCR 模型原理示意图。

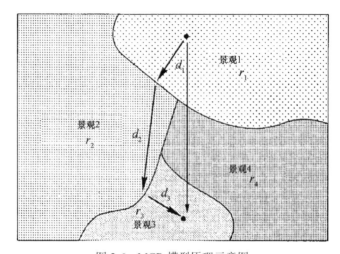

图 2-6 MCR 模型原理示意图

假设：迁移路线需穿越三种不同扩散阻力的景观类型（Knaapen et al.，1992）

相对阻力值：景观 1（r_1）<景观 2（r_2）<景观 3（r_3）<景观 4（r_4）。由于景观 2 的阻力低于景观 4，

所以 MCR 路线与最短路线不同

第二节　山地城镇建设开发的区域生态风险红线划分

生态风险是生态系统暴露在某种危险环境状态下的可能性，根据风险源的差异可分为自然灾害风险、环境污染风险、人类活动导致的生态退化风险等。山地城镇所在山地地貌复杂、地质灾害频发、生态环境脆弱多变，既是快速城市化背景与稀缺土地资源现状下重要的潜在开发地带，又是综合生态风险评估与防范的焦点区域。基于拟开发山地的自然地理条件及环境要素辨识土地生态脆弱性特征，分析山地城镇建设开发对关键生态过程可能产生的影响，结合我们对云南省 63 个已批准低丘缓坡山地城镇土地开发项目区的实地调查，我们认为，山地城镇建设开发的区域生态关键因子是地质灾害、水源涵养、水土流失、地形坡度、生物多样性、洪水淹没等。

一、生态因子的生态红线划分方法

1. 地质灾害

山地地质灾害主要包括滑坡、崩塌、泥石流等，这些灾害直接威胁山地城镇建设安全，是必须避免和防治的生态风险因子。山地区域地质灾害发生频率明显高于平原地区，对建筑物及人们生命安全都构成巨大威胁。山地城镇建设开发的滑坡、泥石流风险，主要包括两方面：一是山地建设开发导致山体破坏，地质稳定性降低；二是山地建设开发破坏区域生态系统，又没有采取措施进行植被恢复和生态修复，加重区域水土流失，导致滑坡、泥石流发生。在山地城镇布局前，必须研究分析地质灾害潜在风险，规避高地质灾害风险区域。

采用综合指数法进行地质灾害潜在风险分析计算。综合指数法的表达式为

$$Z_i = \sum_{j=1}^{n} P_j \times W_j \qquad (2\text{-}11)$$

式中，Z_i 为地质灾害综合危险性指数，评价单元 i=1, 2, $\cdots$, n；P_j 为第 i 个评价因子的得分值，评价因子 j=1, 2, $\cdots$, m；W_j 为第 i 个评价单元，第 j 个评价因子的权重。

根据大理市地质灾害（滑坡、泥石流）的发生因素，本书的模型因子选定以下几种：相对高差、坡度、植被覆盖率、土壤类型、地形地貌、降水量、地质构造等，利用研究区坡度图、植被覆盖度图、数字高程模型（DEM）数据、降水量分布图、地质岩层图等进行数据提取和权重赋值，其中权重之和务必为1，计算地质灾害潜在风险的综合评分（表2-2）。按照上述方法，将大理市域划分为地质灾害极高危险区、高度危险区、中度危险区、低度危险区。在地质灾害极高危险区，不能进行山地城镇建设开发。

表 2-2　大理市地质灾害潜在危险性评估因子分级及分值

高程/m	坡度/（°）	植被覆盖率	地貌类型	地质年代	土壤类型	岩性	分值
>2800 或<1500	0～8	1～0.8	倾斜平原	J、T、P	轻黏土	松软	1
2500～2800	8～15	0.8～0.6	起伏平原	C、K	重壤土	较松软	2
2200～2500	15～25	0.6～0.4	小起伏山地	O、D	中壤土	中性	3
1500～1700	25～35	0.4～0.2	中起伏山地	N、E	轻壤土	较坚硬	4
1700～2200	>35	0.2～0	大起伏山地	Q、G	砂壤土	坚硬	5

注：J为侏罗系；T为三叠系；P为二叠系；C为石炭系；K为白垩系；O为奥陶系；D为泥盆系；N为新近系；E为古近系；Q为第四系；G为志留系。

2. 水源涵养

涵养水分是生态系统一项重要功能。不同的生态系统其水源涵养能力不同。森林、草地和湿地的水源涵养能力强，建设用地的水源涵养能力则很低。一般可以根据不同的生态系统类型划分出不同水源涵养功能强弱单元。

采用生态系统水源涵养服务能力指数作为水源涵养生态风险评价指标，计算公式为

$$\text{WR} = \text{NPP}_{\text{mean}} \times F_{\text{sic}} \times F_{\text{pre}} \times \left(1 - F_{\text{slo}}\right) \tag{2-12}$$

式中，WR 为生态系统水源涵养服务能力指数；NPP_{mean} 为评价区域多年生态系统净初级生产力平均值；F_{slo} 为根据最大最小值法归一化到 0～1 的评价区域坡度栅格图（利用地理信息系统软件，由 DEM 计算得出）；F_{sic} 为土壤渗流能力因子，根据土壤质地类型由黏土到砂土分别在 0～1 均等赋值得到，砂土为 1；F_{pre} 由多年（大于 30 年）平均年降水量数据插值并归一化到 0～1。

通过计算大理市域生态系统水源涵养服务能力指数，由低到高依次划分为 4 个重要性级别，一般重要、中等重要、重要、极其重要。在水源涵养服务能力极其重要区域，不能进行山地城镇建设开发。

3. 水土流失

山地城镇建设通常会开挖原地貌，破坏原地表土壤、植被，导致裸露面积增加，表土抗蚀能力减弱，加剧水土流失。因此，应该尽量避免在水土流失严重的区域开发建设山地城镇。水土流失生态红线，主要是划定可能引起严重水土流失的山地区域，该类区域不能进行山地城镇建设开发。运用通用水土流失方程（USLE），计算出 2017 年大理市不同区域水土流失程度，作为基底参考，将水土流失程度数据同大理市高程数据及坡度数据叠加得出不同坡度、不同高程的区域，引发不同程度的水土流失（表 2-3）。

通过计算，大理市域水土流失生态因子可以分为四级：水土流失极高危险区、高度危险区、中度危险区、轻度危险区。在水土流失严重区域，不能进行山地城

镇建设开发。

表 2-3　大理市不同水土流失程度面积及占比

水土流失	面积/hm²	面积占比
微度	87420	0.588
轻度	36101	0.243
中度	13765	0.093
强烈	5662	0.038
极强烈	3831	0.026
剧烈	1787	0.012

4. 地形坡度

坡度对山地城镇建设开发难度、成本高低及用地布局等都有直接影响，是山地城镇土地开发的重要限制性因素。对于山地城镇，坡度越小越适宜建设开发。按照《城市用地竖向规划规范》（CJJ 83—2016），将坡度等级划分为四等，即 8°以下，为生态敏感度低的区域；8°～15°，为生态敏感度一般的区域；15°～25°，为生态敏感度中等的区域；25°以上，为生态敏感度高的区域，禁止建设开发。根据大理市实际，将坡度分为四类：优化建设区（坡度<8°，高程<2500m）；允许建设区（8°<坡度<15°，高程<2500m）；有条件建设区（15°<坡度<25°，高程<2500m）；禁止建设区（坡度>25°，高程>2500m），并以此划分生态红线。

5. 生物多样性

生物多样性是衡量生态环境质量的重要指标，对人类有十分重要的意义。山地是生态多样性的重要载体，山地城镇建设开发应该尽量减少对山地已有生物资源的扰动，最大限度保留山地区域生物多样性。

采用生物多样性保护服务能力指数作为评价指标，计算公式为

$$S_{bio} = NPP_{mean} \times F_{pre} \times F_{tem} \times \left(1 - F_{alt}\right) \tag{2-13}$$

式中，S_{bio} 为生物多样性保护服务能力指数；NPP_{mean} 为评价区域多年生态系统净

初级生产力；F_{pre} 由多年（大于 30 年）平均年降水量数据插值，并归一化到 0～1；F_{tem} 为气温参数，由多年（10～30 年）平均年降水量数据插值获得，得到的结果归一化到 0～1；F_{alt} 为海拔参数，对海拔进行归一化获得。

生态系统净初级生产力平均值，采用栅格网的太阳日照时长的 20% 来近似等于生态系统净初级生产力平均值。

按照生物多样性保护服务能力值大小，将大理市域由低到高依次划分为 4 个重要性级别，一般重要、中等重要、重要、极其重要。生物多样性重要和极其重要的山地区域禁止山地城镇建设开发。

6. 洪水淹没

山地城镇建设开发，其沟谷地带存在洪水淹没风险。通过不同洪水发生概率的水位高程的比较计算，测算出淹没区域；再根据缓冲区参数，计算出不同等级的淹没区。根据大理市实际，设置了四个等级的缓冲区距离，由低到高依次划分为 4 个重要性级别的防护区，即一般重要、中等重要、重要、极其重要。在洪水淹没风险最高、属于极其重要的防护区域，不能进行山地城镇建设开发。

针对拟开发山地的自然条件及环境要素辨识土地生态脆弱性特征，分析山地开发对关键生态过程可能产生的影响，将山地城镇建设开发涉及的上述六个区域生态关键因子进行叠加，按照生态限制的程度划分山地生态安全等级区域，确定山地城镇建设开发的生态安全等级为极高生态风险、高生态风险、中生态风险、低生态风险四个级别。

二、区域生态安全级别设计规则

（1）将极高生态风险等级区域设为生态限制区，划为生态红线，禁止建设开发，其区域生态安全处于低水平。

（2）将高和极高生态风险两个等级区域设为生态限制区，划为生态红线，禁止建设开发，其区域生态安全处于中等水平。

（3）将中度生态风险等级以上区域（包括极高、高、中度生态风险等级区域）

设为生态限制区，划为生态红线，禁止建设开发，其区域生态安全处于高水平。

对以上几种生态红线的划定结果进行加权叠加汇总，得到区域生态安全等级区，即低生态安全约束区、中生态安全约束区、高生态安全约束区，作为山地城镇建设开发的区域生态约束条件。低生态安全约束对应的是高生态风险，中生态安全约束对应的是中度生态风险，高生态安全约束对应的是较低生态风险，作为控制区域（市域、县域、流域）范围低丘缓坡山地城镇建设开发土地优化布局的生态约束条件。显然，区域生态安全级别越高，对山地城镇建设开发的区域布局限制越大，山地城镇建设开发对区域生态系统破坏越小，越具有区域生态可持续性。

第三节　山地城镇建设开发对生态系统服务功能的影响

山地城镇建设开发必然会打破原有山地生态系统的完整性、关联性和生态系统平衡，改变生态系统功能状况，若开发不当甚至会出现滑坡、泥石流、缺水、污染等威胁山地城镇工业安全的生态问题。因此，针对山地特点构建与之相适应的生态系统服务功能测度理论与方法，开展山地城镇建设开发前后山地生态系统服务功能变化研究，客观评估山地城镇建设开发的生态风险，为山地城镇建设开发的生态用地布局提供科学依据，是山地城镇土地可持续利用的重要工作环节。山地城镇建设开发主要涉及土地平整与登高台阶建设、原生植被破坏和人工植被修复等人类活动，对生态系统造成的影响主要是水土流失、污染物排放、景观格局变化等，因此要构建科学合理评价山地城镇建设开发生态服务功能价值，必须从山地城镇建设开发项目区小尺度构建评价模型。

云南省山地城镇建设开发主要包括旅游和城镇居住小区两类，我们依据项目区所在地区气候与植被类型、海拔与地形地貌、项目区开发面积和开发方式等，从上述两种类型的山地城镇建设开发项目区中筛选出 6 个典型项目区，项目区简要情况见表2-4。其分别位于滇中高原中亚热带气候区、滇南低山宽谷热带雨林气候区、滇东南喀斯特南亚热带气候区、滇东北中山温带气候区，属于云南省六大地貌气候带，也是全省山地城镇建设开发主要分布区域，其样本选择具有典型性、代表性（表2-4）。

表2-4　典型山地城镇建设项目区情况

项目区	编号	项目区面积/hm²	海拔/m	功能定位
大理市海东下和、上登	1	2159.5	1980~2420	旅游、工业、物流、文化等
麒麟区金麟湾低丘缓坡	2	978.31	1861~2041	商住、服务、配套设施一体化的现代化山地城镇
丘北县九龙谷项目区	3	1286.55	1440~1640	构筑生态旅游人居生活区
景洪市嘎洒旅游小镇光华项目区	4	1274.48	525~2143.3	休闲度假为主题的旅居业
景洪市景大项目区	5	1069.55	580~760	休闲度假为主题的旅居业
景洪市天河项目区	6	1375.55	634~958	休闲度假为主题的旅居业

本书侧重从实证角度，通过到典型山地城镇建设开发项目区进行实地踏勘测量和内业处理，对选取的典型项目区建设开发前后生态系统功能和服务价值变化做比较分析。根据张洪（2018a）关于山地城镇建设开发生态风险传递过程的研究成果，确定山地城镇建设开发主要生态服务功能评估指标（表2-5）。

表2-5　山地城镇建设开发主要生态服务功能评估指标

服务功能类型	评价指标		评估方法
山地城镇建设开发生态服务价值评估指标	水源涵养 调节水量	净化水质	影子工程法
	土壤保持 固土	保肥	替代成本法
	固碳释氧 固碳	释氧	替代成本法
	空气净化 吸收二氧化硫、氮氧化合物、氟化氢、滞尘		替代成本法

山地城镇建设开发项目区作为一个小尺度空间范围，并且开发前后地形会发生变化，运用生态系统服务价值当量因子法计算的结果精度较低。所以本书采用替代成本法、市场价值法等对山地城镇建设开发项目区生态功能（用生态服务价值表达）进行评估。根据前期研究结论，对于山地城镇来说，其生态功能主要是水源涵养、土壤保持、固碳释氧和空气净化四个功能。本书所采用的数据包括降水因子、地形地貌因子、土壤属性因子、植被因子和价格参数等数据主要通过实

地现场踏勘、测量和监测以及 6 个典型山地城镇建设开发项目区的土地开发实施方案、土地利用规划和土地调查数据库、土壤普查数据库和云南省 126 个气象观测站数据获取。

一、水源涵养服务价值测算

以水源涵养量作为项目区生态系统水源涵养功能的功能量，测算调节水量价值和净化水质价值，从而获得水源涵养服务功能的价值量。本书利用 InVEST 模型中的水源涵养模块对项目区不同土地利用类型的水源涵养能力进行评估。该模型基于水量平衡原理为理论基础，以每个栅格单元的降水量减去实际蒸散量计算出每个栅格的产水量，结合地形、土壤、植被类型和地表径流等因素对计算得到的产水量进行修正，最后得出项目区的水源涵养量。这样能够综合考虑项目区开发前后的地形、土壤、植被类型和气候等因素的变化，使结果更具准确性（Donohue et al.，2012；杨子睿，2019）。

（一）产水量计算公式

$$Y(x) = \left(1 - \frac{\text{AET}(x)}{P(x)}\right) \times P(x) \tag{2-14}$$

式中，$Y(x)$ 为栅格 x 的年产水量（mm）；AET（x）为栅格单元 x 的年实际蒸散量（mm）；$P(x)$ 为栅格单元 x 的年降水量（mm）。可采用基于 Budyko 水热耦合平衡假设公式来计算 AET（x）/$P(x)$，公式如下：

$$\frac{\text{AET}(x)}{P(x)} = 1 + \frac{\text{PET}(x)}{P(x)} - \left[1 + \left(\frac{\text{PET}(x)}{P(x)}\right)^{\omega}\right]^{\frac{1}{\omega}} \tag{2-15}$$

式中，PET（x）为潜在蒸散发量（mm/d）；$\omega(x)$ 为自然气候–土壤性质的非物理参数，计算公式如下：

$$\text{PET}(x) = K_c(l_x) \times \text{ET}_0(x) \tag{2-16}$$

式中，$\text{ET}_0(x)$ 为栅格单元 x 的参考作物蒸散量（mm/d）；$K_c(l_x)$ 为栅格单元 x

中特定土地利用/覆被类型的植物蒸散系数，采用联合国粮食及农业组织作物蒸散系数指南和 InVEST 用户指南获得。$\omega(x)$ 为一个经验参数，计算公式如下：

$$\omega(x) = z\frac{\text{AWC}(x)}{P(x)} + 1.25 \tag{2-17}$$

式中，AWC(x) 为土壤有效含水量（mm）；z 为区域降水特征的经验常数，参考已有对云南省的研究文献，本书将 z 值设置为 3.6（吕剑成等，2015）。AWC 根据周文佐（2003）研究的方法进行计算，公式为

$$\text{AWC}(x) = 54.509 - 0.132\text{SAN} - 0.003(\text{SAN})^2 - 0.055\text{SIL} - 0.006(\text{SIL})^2 \\ -0.738\text{CL} + 0.007(\text{CL})^2 - 2.688\text{OM} + 0.501(\text{OM})^2 \tag{2-18}$$

式中，SAN 为土壤砂粒含量（%）；SIL 为土壤粉粒含量（%）；CL 为土壤黏粒含量（%）；OM 为土壤有机质含量（%）。

$$\text{ET}_0 = 0.0013 \times 0.408 \times \text{RA} \times (T_{\text{avg}} + 17) \times (\text{TD} - 0.0123P)^{0.76} \tag{2-19}$$

式中，ET_0 参考作物蒸散量（mm/d）；RA 为太阳大气顶层辐射量 MJ/（m²·d），该数据用气象站点太阳总辐射除以 50%来代替；T_{avg} 为平均每日最高气温和最低气温的平均数（℃）；TD 为两者差值（℃）；P 为月均降水量（mm）。太阳辐射数据来自云南省太阳辐射资料（郭燕和李长建，2013），平均每日最高、最低气温来自中国气象科学数据共享服务网，月均降水量数据根据对项目区现场监测结合云南省气象站的降水数据插值得到。

（二）水源涵养量修正计算

将上述参数以及项目区的数据导入 InVEST 产水模块中进行产水量计算，在此基础上加入土壤饱和导水率、流速系数以及地形指数对产水量计算结果进行修正，以此得出水源涵养量，计算公式如下：

$$Q = \text{Min}\left(1, \frac{249}{V}\right) \times \text{Min}\left(1, \frac{0.9 \times \text{TI}}{3}\right) \times \text{Min}\left(1, \frac{K}{300}\right) \times Y \tag{2-20}$$

式中，Q 为土壤含水量（mm）；V 为流速系数；TI 为地形指数；K 为土壤饱和

导水率（m/d）；Y 为产水量（mm）。

1. 流速系数

主要参考美国农业部自然资源保护局（USDA-NRCS）的美国国家工程手册中各土地利用类型的流速系数，流速系数表数据无量纲值，结合已有研究确定山地城镇建设开发项目区不同土地利用类型的流速系数见表 2-6。

表 2-6　山地城镇建设开发项目区不同土地利用类型的流速系数表

土地类型	耕地	园地	林地	草地	水域	建设用地
V 值	500	300	300	900	2012	2012

注：V 为流速系数。

2. 地形指数

地形指数为无纲量数值，计算公式为

$$TI = \lg\left(\frac{Drainage\_Area}{Soil\_Depth \times Percent\_Slope}\right) \tag{2-21}$$

式中，Drainage_Area 为流域单元集水区栅格数量，无量纲数值；Soil_Depth 为土壤深度（mm）；Percent_Slope 为坡度百分比（%）。

3. 土壤饱和导水率

采用土壤传递函数间接求出土壤饱和导水率，其公式为

$$\ln K_s = 20.62 - 0.96 \times \ln(C) - 0.66 \times \ln(S) - 0.46 \times \ln(OC) - 8.43 \times BD \tag{2-22}$$

式中，K_s 为饱和导水率（cm/d）；C 为黏粒百分含量（%）；S 为砂粒百分含量（%）；OC 为有机碳含量（%）；BD 为土壤容重（g/cm^3）。

（三）结果统计

将产水量结合上述修正公式在 InVEST 产水模块中计算，可得到项目区的水源涵养量，然后再进行分区统计可得项目区不同土地利用类型的水源涵养量，进

而获得项目区水源涵养总量 Q_w。

1. 调节水量价值（$V_调$）

其计算公式为

$$V_调 = Q_w \times P_w \qquad (2\text{-}23)$$

式中，$V_调$ 为调节水量价值（元）；Q_w 为水源涵养量（m^3）；P_w 为建设库容的投资价格（元/m^3）。

2. 净化水质价值（$V_净$）

调节水量的同时也在净化水质，所以生态系统年净化水量等于年调节的水量，根据净化水质工程的成本计算，计算公式为

$$V_净 = W_水 \times Q_w \qquad (2\text{-}24)$$

式中，Q_w 为水源涵养量（m^3）；$W_水$ 为水的净化费用（元/m^3）。

3. 水源涵养服务功能总价值（$V_水$）

其计算公式为

$$V_水 = V_调 + V_净 \qquad (2\text{-}25)$$

二、水土保持服务价值测算

生态系统水土保持功能可以从保持土壤肥力和减轻泥沙淤积两个方面评价。水土保持功能主要是土壤地表植被能够对降水进行截留和缓冲以减少或避免降水对土壤表面的直接冲刷，减缓地表径流对土壤的冲蚀力度，同时植物根系可以固持土壤，防止土壤崩塌泻溜，减少土壤肥力的流失以及改善土壤结构，从而起到保持土壤的作用。本书采用修正土壤流失方程（RUSLE）进行评价，RUSLE 模型的驱动参数主要有降雨侵蚀力因子 R、土壤可蚀性因子 K、坡长-坡度因子 LS、植被覆盖和管理因子 C、水土保持措施因子 P。采用的修正土壤流失方程的输入参数易于获取，模拟效果较好，利用项目区已有的土壤属性数据结合实地踏勘采

样，对计算参数进行修订。再将计算得到的参数因子用于模拟项目区潜在土壤侵蚀量和实际土壤侵蚀量，两者之差即为土壤保持量。计算公式如下：

$$S_q = R \times K \times L \times S$$
$$S_a = R \times K \times L \times S \times C \times P \qquad (2\text{-}26)$$
$$Q = S_q - S_a = R \times K \times L \times S \times (1 - C \times P)$$

式中，Q 为项目区年均土壤保持量（t/hm²）；S_q 为项目区潜在土壤侵蚀量（t/hm²）；S_a 为项目区实际土壤侵蚀量（t/hm²）；R 为降雨侵蚀力因子 [MJ·mm/（hm²·h·a）]；K 为土壤可蚀性因子 [t·hm²·h/（hm²·MJ·mm）]；L、S 为地形因子；C 为植被覆盖和管理因子；P 为水土保持措施因子。

（一）降雨侵蚀力因子

降雨侵蚀力能够反映项目区内的降水对引起土壤流失的潜在能力，指数数值大小与降水强度直接相关，根据对项目区现场监测结合云南省气象站点降水数据进行插值，对比前人的研究，本书计算研究区 R 值采用 Wischmeier 和 Smith（1978）提出的月尺度计算降雨侵蚀力（R）计算公式：

$$R = 17.02 \times \sum_{i=1}^{12} \left(1.735 \times 10^{1.5 \times \lg \frac{P_i^2}{P} - 0.8088} \right) \qquad (2\text{-}27)$$

式中，P_i 为某年第 i 月的降水量（mm），$i=$（1, 2, …, 12），P 为年降水量（mm）。

（二）土壤可蚀性因子

土壤可蚀性因子是衡量土壤颗粒能够被水份分离和搬运的难易程度，是反映土壤抗蚀性能的指标，通常用标准小区上单位降雨侵蚀力所引起的土壤流失量来表示（杨子生，1999）。本书运用 Williams 等（1984）在前人基础上建立的 K 值估算模型——侵蚀/生产力影响估算（EPIC）模型，该模型主要采用项目区内土壤有机碳和粒径组成等土壤属性数据资料来估算 K 值，并根据张科利等（2007）的研究对结果进行校正。

$$k_{epic} = \left\{ 0.2 + 0.3 \exp\left[-0.0256 m_s \left(1 - \frac{m_{silt}}{100} \right) \right] \right\} \times \left[\frac{m_{silt}}{(m_c + m_{silt})} \right]^{0.3}$$

$$\times \left\{ 1 - \frac{0.25 orgC}{\left[orgC + \exp(3.72 - 2.95 orgC) \right]} \right\}$$

$$\times \left\{ 1 - \frac{0.7\left(1 - \frac{m_s}{100} \right)}{\left\{ \left(1 - \frac{m_s}{100} \right) + \exp\left[-5.51 + 22.9\left(1 - \frac{m_s}{100} \right) \right] \right\}} \right\} \tag{2-28}$$

$$K = (-0.01383 + 0.51575 k_{epic})0.1317$$

式中，K_{epic} 为采用 EPIC 模型计算的土壤可蚀性因子；m_s 为砂粒百分含量（0.05～2mm）；m_{silt} 为粉粒百分含量（0.002～0.05mm）；m_c 为黏粒百分含量（<0.002mm）；orgC 为有机碳百分含量=有机质含量%/1.724。

（三）坡长-坡度因子

坡长-坡度因子是影响土壤侵蚀的基本地理特征要素，目前多用高程数据计算。本书中因子通过对项目区的 DEM 数据提取（张宏鸣等，2010，2012；杨勤科等，2010；秦伟等，2010），结合现场踏勘测量山地城镇建设开发的地形变化，根据全国第四次土壤侵蚀普查规定的方法计算得出。

$$S = \begin{cases} 10.8\sin\theta + 0.03, & \theta < 5° \\ 16.8\sin\theta - 0.5, & 5° \leqslant \theta < 10° \\ 21.9\sin\theta - 0.96, & \theta \geqslant 10° \end{cases} \tag{2-29}$$

$$L = (\lambda / 22.1)^m \tag{2-30}$$

$$m = \begin{cases} 0.2, & \theta \leqslant 1° \\ 0.3, & 1° < \theta \leqslant 3° \\ 0.4, & 3° < \theta \leqslant 5° \\ 0.5, & \theta > 5° \end{cases} \tag{2-31}$$

$$LS = L \times S \tag{2-32}$$

上述公式中，L 为坡长因子；S 为坡度因子；θ 为坡度值（°）；λ 为坡长（m）；m 为坡长指数。

（四）植被覆盖和管理因子

植被覆盖与管理因子为无量纲数，该指数反映土地表面植被覆盖和作物管理措施对土壤侵蚀的影响，介于0～1。植被覆盖度与管理因子有较强的相关性，本书利用蔡崇法等（2000）的坡面产沙与植被覆盖度关系式计算C值，并根据项目区植被状况、种植特点等结合杨子生（1999）的研究，确定不同项目区不同土地利用类型的C值。

（五）水土保持措施因子

水土保持措施因子指项目区土壤采取水保措施后，土壤侵蚀量相对于顺坡种植时土壤侵蚀量的比例，其值在0～1。研究区在建设开发前的耕地大多分布在河谷、沟谷地带。本书参考张洪和石文华（2016）以及杨子生（1999）对云南省低丘缓坡项目区水土流失的相关研究中对于水土保持措施因子的赋值，结合项目区实施方案和对项目区实地调研的生态保护工程相关措施进行赋值计算（张秀敏等，1998）。

根据上述公式，计算出项目区的土壤保持量，进而核算其保持土壤肥力和减轻泥沙淤积的价值。

1. 保持土壤肥力

土壤侵蚀导致土壤营养物质（主要是土壤中的氮、磷、钾及有机质）大量流失。根据土壤中氮、磷、钾和有机质含量的平均值，结合土壤保持量估算生态系统土壤养分的保持量。本书利用替代成本法计算生态系统水土保持功能中保持土壤肥力价值，将年固土量中氮、磷、钾和有机质的物质量换算成磷酸二铵和氯化钾化肥的价值即为年保肥价值。保持土壤肥力价值的计算公式为

$$V_a = \sum_i Q \times C_i \times P_i \qquad (2\text{-}33)$$

式中，V_a 为保持土壤肥力价值（元/a）；Q 为土壤保持量（t/a）；C_i 为土壤中养分 i 的含量（%）；P_i 为土壤中养分 i 的市场价格（元/t）。

2. 减轻泥沙淤积

按照我国主要流域的泥沙运动规律，全国土壤侵蚀流失的泥沙 24%淤积于水库、河流、湖泊，这部分泥沙直接造成了水库、江河湖泊蓄水量的下降，并且在一定程度上增加了洪涝、干旱灾害发生的可能性（肖洋等，2015）。土壤侵蚀流失的泥沙淤积于水域，使地表的蓄积功能下降，所以本书根据蓄水成本来计算项目区生态系统减轻泥沙淤积的经济效益，公式如下：

$$V_b = 24\% \times \sum_i Q \times \mathrm{Cr} / p \tag{2-34}$$

式中，V_b 为减轻泥沙淤积价值（元/a）；Q 为土壤保持量（t/a）；Cr 为水库工程费用（元/m³）；p 为土壤容重（t/m³）。

三、固碳释氧服务价值测算

1. 固碳

固碳主要是指生态系统（森林、草地、农田等）在光合作用过程中从自然捕获大气中二氧化碳，并将其固定在植被、凋落物、根系和土壤中的过程。生态系统吸收并储存二氧化碳与生态系统排放的碳差值即为生态系统固碳服务。从光合作用方程式可以算出，植物每生产 1t 干物质可以吸收 1.63 t CO_2，CO_2 相对分子质量中 C 元素的含量为 27.27%。计算公式为

$$V_c = 1.63 \times 27.27\% \times A \times B \times P_c \tag{2-35}$$

式中，V_c 为固碳的价值量（元/a）；B 为净初级生产力 [t/（hm²·a）]；A 为土地利用类型面积（hm²），P_c 为市场固定 CO_2 的价格（元/t）。

2. 释氧

释氧是生态系统光合作用中伴随着固碳提供的一项重要服务，由于固碳量和释氧量之间存在着固有关系，因此可以通过光合作用方程，由固碳量推算出释氧量。按照光合作用方程式，树木每形成 1t 干物质，就会从大气中吸收 1.63t CO_2，

释放出 1.19t O_2。计算公式为

$$V_0 = 1.19 \times A \times B \times P_0 \tag{2-36}$$

式中，V_0 为释氧的价值量（元/a）；B 为净初级生产力 [t/（$hm^2 \cdot a$）]；A 为土地利用类型面积（hm^2）；P_0 为市场制造 O_2 的价格（元/t）。

四、空气净化服务价值测算

自然生态系统在一定程度上有吸收、稀释、同化、降解有害有机物和无机物的功能。生态系统空气净化功能是指植被通过自身相应的物理、化学和生物因素的共同作用，将空气污染物进行吸收、过滤、阻隔和分解，使大气环境得到改善产生的生态效应。空气环境净化主要考虑生态系统对二氧化硫、氮氧化物的吸收和滞尘功能的价值。计算公式为

$$V = M_1 \times \left(Q_1 \times P_1 + Q_2 \times P_2 + Q_3 \times P_3 + Q_4 \times P_4 \right) \tag{2-37}$$

式中，V 为空气净化总价值（元/a）；M_1 为林地（园地）、农田、草地面积；Q_1 为吸收二氧化硫量（kg/hm^2）；P_1 为二氧化硫治理价格（元/kg）；Q_2 为吸收氟化物量（kg/hm^2）；P_2 氟化物治理价格（元/kg）；Q_3 为滞尘量（kg/hm^2）；P_3 为治理滞尘价格（元/kg）；Q_4 为吸收氮氧化物量（kg/hm^2）；P_4 为氮氧化物治理价格（元/kg）。

五、对云南省部分典型山地城镇建设项目区开发前后生态功能价值的变化分析

通过上述方法测算得出各项目区不同生态服务价值，结合项目区开发前后地类面积变化（表 2-7）进行分析。

对比典型项目区建设开发前后的地类面积调整表可以发现，山地城镇建设开发项目区占用的林地面积最多，其次是耕地、园地、草地。通过对项目区的实地调研发现，项目区林地以各种用材林、防护林、经济林、薪炭林、特用林等人工林为主；耕地多数为中低产田地，农田缺水情况十分普遍，耕地质量不高；园地主要是果树、橡胶树等；草地除了牧草地外还有荒草地。

表 2-7　典型山地城镇坡建设开发项目区开发前后地类面积调整表　（单位：hm²）

项目区	耕地		园地		林地		草地		水域		建设用地	
	开发前	开发后	开发前	开发后	开发前	开发后	开发前	开发后	开发前	开发后	开发前	开发后
1	565.02	252.71	223.55	18.02	686.91	295.14	295.64	88.30	14.76	4.12	373.35	1500.93
2	361.09	71.21	93.88	21.87	417.90	350.25	31.77	17.85	24.66	19.97	49.19	497.35
3	286.99	185.84	0	0	943.99	748.89	3.07	2.53	1.00	0	52.84	350.62
4	50.37	38.04	1136.88	811.48	1.47	1.17	4.58	3.11	72.09	48.37	8.57	371.78
5	2.24	0.68	909.57	764.76	1.32	1.32	0	0	34.34	12.25	122.06	290.52
6	178.23	161.94	1155.51	762.39	20.19	16.80	0	0	11.13	9.29	10.87	425.51

　　项目区生态服务总价值是包括前文提到的水源涵养功能、水土保持功能、固碳释氧功能、空气净化功能四项山地城镇建设开发项目区主要生态服务价值的加总求和得到（表 2-8）。

表 2-8　典型山地城镇建设开发项目区开发前后主要生态服务功能价值（单位：万元）

项目区	水源涵养		水土保持		固碳释氧		空气净化		总价值	
	开发前	开发后	开发前	开发后	开发前	开发后	开发前	开发后	开发前	开发后
1	4716.5	2567.7	555.12	266.72	1722.74	442.54	57.49	26.16	7051.85	3303.12
2	1798.25	1690.21	296.83	255.24	864.92	409.38	33.71	27.83	2993.71	2382.66
3	3927.18	3047.08	1291.52	1240.02	1452.56	1274.27	66.83	58.86	6738.09	5620.23
4	3404.63	2911.64	116.59	99.07	2782.64	1703.03	18.68	14.95	6322.54	4728.69
5	2797.8	2773.6	215.86	205.89	2060.2	1759.7	14.53	13.67	5088.39	4752.86
6	3614.7	3169.1	77.09	48.36	2934.58	2005.31	21.57	16.71	6647.94	5239.48

　　表 2-8 显示，山地城镇建设开发项目区在开发后生态服务功能价值减少，主要是因为建设用地增加导致生态用地面积骤减。结合各个生态服务价值的变化可以看出，水源涵养功能和固碳释氧功能价值在开发后减少最多，其次是水土保持和空气净化功能价值。结合项目区的开发方式可以发现，山地城镇建设开发项目区的开发方式不同，其生态服务价值减少幅度也不同（表 2-9）。建设开发力度较

大的项目区，开发方式大多采用开山模式或开山、坡地开发相结合方式，对原有生态系统破坏较为严重，如大理市海东下和、上登项目区。休闲旅游的项目区开发力度较小，项目区建设以生态保护为主，开发方式以谷地开发为主，与项目区地形契合度较高，项目区建设开发前后生态服务价值减少量较少，如景洪市景大项目区、丘北县九龙谷项目区。因此，选择恰当的开发方式，尽可能保留生态用地，修复生态系统，是山地城镇建设开发实现土地可持续利用的重要途径。

表 2-9　典型山地城镇建设开发项目区开发前后不同土地利用
类型生态服务功能价值　　　　　　（单位：万元）

项目区	耕地		园地		林地		草地		水域	
	开发前	开发后	开发前	开发后	开发前	开发后	开发前	开发后	开发前	开发后
1	1325.94	619.48	712.04	70.54	3887.66	2179.8	1088.56	408.63	37.63	24.69
2	700.96	166.77	317.03	86.15	1840.41	1865.22	94.33	81.57	41.01	82.95
3	749.49	619.7	0	0	5975.85	4992.61	10.5862	7.925	2.15	0
4	176.54	149.21	5937.69	4344.94	10.12	9.46	22.6643	18.2184	175.53	206.86
5	7.73	2.77	4986.1	4685.99	9.39	11.14	0	0	85.2	53.01
6	571.23	568.24	5919.48	4499.09	130.15	132.45	0	0	27.08	39.75

第四节　山地城镇建设开发的生态用地布局示范研究

一、研究区概况

本节以大理满江山地城镇建设项目区为研究区，以下将从地理位置、地形地貌、土地利用特征对项目区进行概述。

1. 地理位置

项目区位于大理市下关城区南部，北至大丽高速公路连接线、西止于凤鸣箐、东与凤仪镇区隔山相望（100°15′～100°17′E，25°33′～25°35′N），面临洱海，坐倚苍山，处于未来发展核心区，毗邻新建中的行政中心，对内对外交通亦十分便利。

2. 地形地貌

项目区内地势南高北低，东西高，中间低，平均海拔 2141m。最高海拔为东南部山峰 2383m，最低海拔为东北部谷地 1972.6m，整体起伏度较小，适宜开发；区内有 5 条冲沟，主要位于东部和南部；坡度方面，项目区坡度大于 9° 的用地占整个项目区的 90% 左右，平均坡度为 14.7°，符合低丘缓坡的地形特点。

3. 土地利用特征

项目区城市建设用地主要由道路与交通设施用地组成。非建设用地主要由水域、农林用地组成。此外，项目区内在西北部零星分布有多个村庄建设用地。

二、数据和方法

（一）数据来源及处理

所涉及的数据主要包括地形数据、遥感影像数据两大类，具体的数据来源和处理方法如表 2-10。综合所得数据的空间分辨率和项目区的面积和地理位置，决定将评价单元栅格大小统一为 15m×15m，坐标系为 Xian_1980_3_Degree_GK_CM_99E。

表 2-10　基础数据来源及处理过程

数据名称	数据类型	数据来源及处理过程
地类数据	Vector	源于 Google Earth 上 0.5m 空间分辨率的项目区卫星影像，通过 ArcGIS 软件矢量化得到项目区土地利用类型数据
降雨数据	Txt	源于国家气象科学数据中心的月降雨格点数据，该数据经交叉验证、误差分析，质量状况良好。通过 ArcGIS 中的转换工具箱，转为栅格数据，再利用掩膜的方式提取项目区年均降雨栅格
地质地貌数据	Gird、Vector	源于云南省教育厅课题所提供的低丘缓坡项目区 1∶500 地形图以及项目区周边地质灾害点矢量数据。地形数据通过 ArcGIS 的 3D 分析工具箱，生成 DEM 和坡度栅格数据
遥感数据	Grid	采用美国的 Landsat8 卫星影像，融合后空间分辨率为 15m。影像数据预处理包括辐射定标、大气校正、正射校正、融合、镶嵌等（在 ENVI 软件下实现）。后期用于植被覆盖度计算

（二）研究方法

根据土地用途、受人类干预程度和生态系统服务价值的高低将土地分为非生态用地和生态用地两大类。非生态用地指项目区开发建设用地（主要包括：交通运输用地、住宅用地和公共服务用地）。生态用地包括耕地、林地、草地和水体。本书认为山地城镇建设开发即是生态用地和非生态用地的动态权衡，目的是实现生态和社会经济发展的综合最大化。所以在生态用地的布局过程中不仅需要考虑生态用地的重要性，同时也需考虑建设开发的适宜性和扩张的可能性。根据项目区的景观结构和生态系统功能的相互作用建立评价指标，识别项目区生态用地生态系统服务重要性的空间分布；对于建设开发的扩张的可能性和适宜性，则通过自然地理条件和社会经济驱动要素构建生态脆弱性评价指标进行确定。具体的技术路线如图 2-7 所示。

（三）生态源地的识别

1. 景观结构

通过选取斑块面积、周界–面积比和 Fvc（植被覆盖度）三个指标对景观格局进行评价。斑块面积和周界–面积比能有效反映斑块核心区的大小，而 Fvc（植被覆盖度）与生物多样性有较强的正相关性（李俊生等，2003），所以三者相结合能较好地反映斑块的生境质量。分类方法采用自然断点分级法，这是由于该方法原理是利用方差和最小思想，保证同类差异最小，类间差异最大，所以选用该类方法将指标值分为 1、3、5、7 四类，再通过 ArcGIS 叠加分析最终得到景观结构总分值，等级越小，则说明景观结构越稳定，抗干扰性越强，越有利于生态安全。

2. 生态系统服务功能价值

项目区主要的地形地貌为低丘缓坡，而低丘缓坡相比平原地区而言，由于其特殊的地形特点，更容易导致水土流失和土壤侵蚀，从而引发地质灾害。所以本章中生态系统服务功能价值评估主要是对水源涵养功能价值和土壤保持功能价值进行评估。价值的测算方法则是基于谢高地等（2008，2015）提出的当量因子法，但由于当量因子法的本身只能反映不同地类间生态系统服务功能价值的差异（王宁，2020；阚欣玥，2020）为了更好的反映低丘缓坡项目区水源涵养和土壤空间差异，利用植被覆盖度对同一地类的当量因子进行修正（表2-11），发现项目区土壤侵蚀量和水源涵养量与植被覆盖度之间存在显著的正相关关系。将测算得到的项目区水源涵养功能价值量和土壤保持功能价值量按照自然断点分级法分为极重要、中等重要、一般重要和较低重要4个等级，并按照1、3、5、7进行赋值。

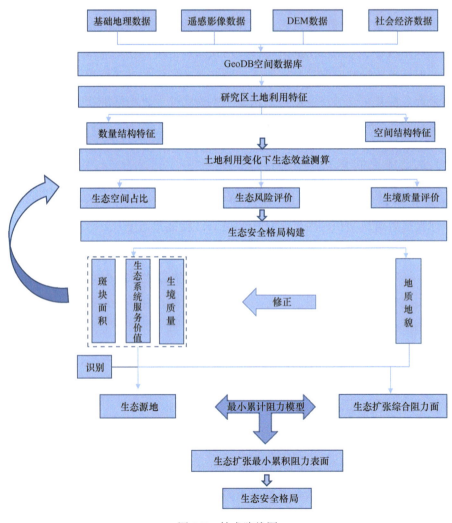

图2-7 技术路线图

表 2-11　土地利用类型水源涵养和土壤保持单位面积生态服务价值当量（谢高地，2015）

类型	林地	草地	耕地	水域	裸地
水源涵养	3.51	2.21	0.27	102.24	0.03
土壤保持	2.86	1.39	1.03	0.93	0.02

$$P_{ij}^* = \frac{\text{Fvc}_i}{\text{Fvc}_{\text{MAX}}} \times P_{ij} \qquad (2-38)$$

式中，Fvc_i 为项目区栅格 i 的植被覆盖度；Fvc_{MAX} 为栅格 i 所属地类的最大植被覆盖度；P_{ij} 为栅格 i 所属地类中生态系统服务功能 j 的当量因子；P_{ij}^* 为修正后栅格 i 中 j 功能的价值当量因子。

3. 生态用地综合重要性

在单因素评价的基础上，利用专家打分法确定 2 个一级指标的权重和 5 个二级指标权重，一级指标权重分别为景观结构（0.4）、生态系统服务价值（0.6），如表 2-12。在此基础上，借助 ArcGIS 中的加权求和模型求算每个栅格单元的生态重要性得分。根据加权求和结果，按照自然断裂点分级法将研究区划分为 4 个等级生态重要级别，如表 2-13 所示，分别为核心型生态用地、重要型生态用地、过渡型生态用地和一般型生态用地，并将核心型和重要型生态用地作为生态源地。

表 2-12　生态用地重要性评价指标

目标	一级	二级
生态重要性	景观结构（0.4）	斑块面积（0.3）
		周界—面积比（0.2）
		植被覆盖度（0.5）
	生态系统服务价值（0.6）	水源涵养（0.5）
		土壤保持（0.5）

表 2-13　生态用地综合重要性指数分级标准

重要性级别	重要性分值
核心型	2.3～3
重要型	3～4
过渡型	4～5.5
一般型	5.5～7

（四）综合阻力面的构建

为了平衡生态保护和建设开发二者之间的扩张性需求，本书采用最小累积阻力模型，构建合理限度的生态用地空间格局。生态用地扩张综合阻力面的构建主要包括三大要素，首先，需要考虑生态重要性，因为作为核心的生态源地起到持续提供生态服务，保护生态环境和维持生态平衡的重要作用，所以生态重要性要优先考虑；其次，需要考虑生态脆弱性，如坡度较大区域、大型的冲沟和水系以及地质灾害点都属于生态脆弱区，该区域属于不适宜开发建设或开发建设成本和难度较高的区域，尽管其生态系统服务价值量相对于生态源地而言较低，但其与生态源地同等重要，所以应将其纳入生态用地扩张阻力指标中；最后还应考虑项目区现状土地利用类型，如由于住宅用地和交通用地等面状建设用地和线状道路具有人类活动频繁的特点，所以在一定的缓冲区范围内受到人类的干扰较大，且这部分缓冲区往往是未来开发建设的优先区域，为了尽量避免生态用地布局与建设开发冲突，应在生态用地扩张阻力中考虑土地利用类型。生态用地保护阻力评价指标体系见表 2-14。

生态用地保护阻力面指标体系的设计中，生态重要性部分沿用上述的生态重要性评价中所选的指标，并根据重要性分为四级；生态脆弱性指标的选取则是参考张洪等（2018b）和周浪等（2021）的研究以及结合数据的可获得性所确定的。相应指标包括坡度、项目区周边地质灾害点以及大型冲沟三部分。其中坡度、周边灾害点以及冲沟的分级则是根据《低丘缓坡项目区土地立体规划技术规范》所确定，坡度分为 0°～8°、8°～15°、15°～25°、>25° 共四级；周边灾害点和冲沟则

表 2-14　生态用地保护阻力评价指标体系

一级	二级	分级指标	阻力值
生态用地保护阻力面	生态重要性（0.4）	景观结构（0.16） 极重要	1
		中等重要	10
		一般重要	30
		较低重要	100
		生态系统服务价值（0.24） 极重要	1
		中等重要	10
		一般重要	30
		较低重要	100
	生态脆弱性（0.4）	坡度（0.24） 0°～8°	50
		8°～15°	30
		15°～25°	10
		>25°	1
		地质灾害（0.1） 0～100m	1
		>100m	10
		冲沟（0.06） 0～100m	1
		>100m	10
	土地利用（0.2）	面状地类（0.11） 林地、草地、水域	1
		耕地	10
		裸地	30
		建设用地	100
		线状道路（0.09） 0～150m	100
		150～250m	30
		250～350m	10
		>350m	1

按步长为 100m 建立缓冲区，其中 100m 内为生态极脆弱区，应重点保护；土地利用指标分为面状地类以及线状道路两类，其中线状道路按步长 150m、100m、100m 生成缓冲区共分为 4 级。其中，各项指标阻力值是参考程迎轩等（2016）和

周浪等（2021）的研究并结合项目区的特点所确定。指标权重则是基于专家打分法得到。

三、计算过程

（一）计算公式

本章采用的 MCR 模型，是指物种从某个"源"点到目标所在地的过程中所需克服的总阻力的模型。一般情况下，阻力系数会被定义为具体的值，且阻力值最小处为源点，通常定义为 1，其他影响因子的确定通常是综合考虑研究区的实际情况，以及研究区域的路径目标来决定，单元阻力系数随目标的不一样而变化。具体公式表达如下：

$$\mathrm{MCR} = f_{\min} \sum_{i}^{n} \sum_{j}^{m} \left(D_{ij} \times R_i \right) \qquad (2\text{-}39)$$

式中，MCR 表示研究区的最小累积阻力；f 为待定单调递增函数；D_{ij} 为生态用地景观单元 i 到 j 的空间距离；R_i 为景观单元 i 对某运动的阻力系数；m、n 分别为景观单元 i 和生态源地 j 的数量。

本章基于 MCR 模型，从斑块面积、生态系统服务价值、生境质量等层面综合识别了研究区生态源地，借助综合指标体系法及层次分析法，构建了研究区生态源扩张的综合阻力表面，运用 Arc GIS 距离模块求取生态源地扩张的最小累积阻力表面，实现了水平生态过程的模拟，进而基于最小累计阻力面划分了生态安全分区、提取生态廊道和生态节点，构建了涵盖"点–线–面"多层次多要素的生态安全格局。基本步骤是：收集数据—确立阻力系数，形成单+总阻力基面—确定源地—成本距离计算累计阻力值。该方法的难点是：①阻力面的选择；②阻力系数的确定；③源地的确定。

（二）模型运行

1. 数据收集

本章采用数据包括行政边界数据、土地利用分类数据、DEM 数据、河流道路数据等。其中土地利用数据通过 Landsat（30m）遥感数据解译获得，使用 Google Earth 配准。数据来源：地理数据空间云，Earth Data，USGS，全国地理信息资源目录服务系统。

2. 阻力系数的确定

阻力系数的确定主要参考研究区域所在地的相关规划（城乡总体规划、发展规划、绿地系统规划等）中含有确切阻力系数与权重的确定方法，或参考相关文献研究结果，进行阻力系数影响因素的权重确定，最后加权得到单个或总体的阻力基面。

3. 阻力值的确定

阻力因子的选择对构建 MCR 模型至关重要。本书选取了土地利用类型、坡度和高程三个对山地城镇建设项目区环境影响程度较大的因素作为阻力因子来进行研究。

土地利用类型越接近研究区域中的保护源类型，它对物种之间的交流和扩散的阻力就越小，阻力值也就越小。结合前人研究，可以确定土地利用类型因子是所有因子中最重要的，将其权重赋予 0.4。

本次示范研究根据研究区实际情况将研究区土地利用类型划分为 6 类，通过阅读相关文献总结，可知研究区水域生态系统服务价值最大，确定水域阻力系数最小，植被对生态安全影响较小，因此其阻力系数较小，建筑用地和裸地生态系统服务价值最小，且容易造成水土流失、土地破坏等一系列问题，因此建筑用地阻力系数最大。最后，对各类地物阻力系数排序，即阻力系数大小为：建筑用地>裸地>草地=耕地>林地>水域，具体情况见表 2-15。将研究区土地利用类型数据代入，生成重分类后的土地利用阻力系数如图 2-8 所示。

表 2-15　土地利用类型阻力因子及阻力系数

水地利用类型	耕地	林地	草地	建设用地	水域	裸地
阻力系数	3	2	3	5	1	4

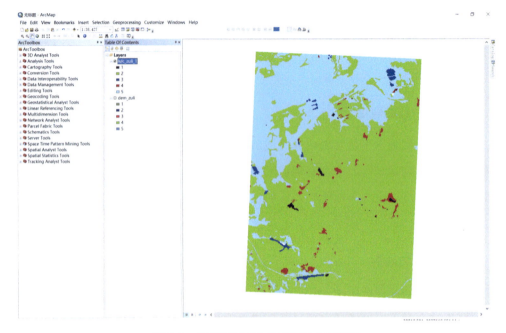

图 2-8　示范研究区土地利用阻力系数图

　　高程同样也会对物种迁徙和生态流的扩散产生一定的影响，当物种迁徙时，高程相同的区域会较容易地通过，反之较困难。本书选择高程作为阻力因子之一，将其权重赋予 0.3，由于示范研究区高程在 1924～2399m，通过阅读相关文献将其分类为 5 个阻力因子，生成高程阻力系数图，如图 2-9 所示。不同等级阻力系数见表 2-16。

　　坡度是导致山体滑坡、水土流失等环境问题的因素之一，坡度同样会对研究区物种之间的交流和生态流扩散产生影响。因此，在构建山地城镇建设项目区生态安全格局，必须考虑坡度的影响，将其权重赋予 0.3。通过阅读相关文献将坡度分类为 5 个阻力因子，生成研究区坡度阻力系数图，如图 2-10 所示，不同等级阻力系数见表 2-17。

4. 综合空间阻力面的构建

　　首先，将各单一阻力因素划分为 5 个等级，数值越大，表示阻力越大。其次，考虑各阻力因素对生态源扩张的影响程度差异，确定各因子权重。最后，根据各阻力因素权重，采用 Arc GIS 栅格计算工具将 3 项阻力因素加权叠置，生成基于栅格的综合阻力面。计算公式为

坡度因子阻力面×0.3+高程因子阻力面×0.3+土地利用类型×0.4

生成综合空间阻力面如图 2-11 所示。

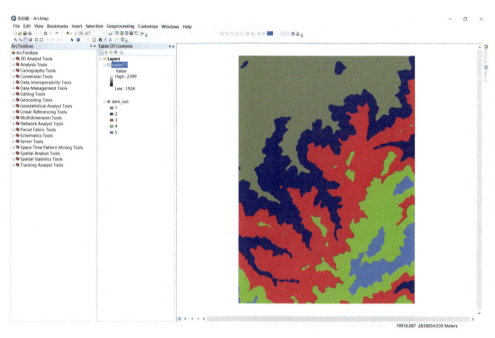

图 2-9　示范研究区高程阻力系数图

表 2-16　高程阻力因子及阻力系数

高程/m	阻力系数
<2000	1
2000~2100	2
2100~2200	3
2200~2300	4
>2300	5

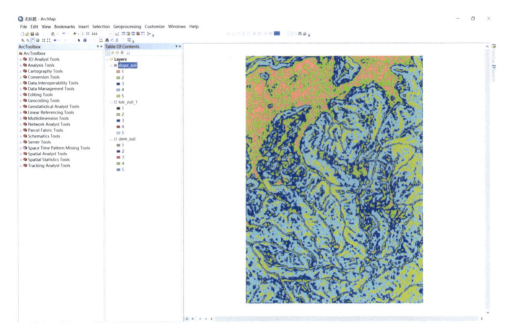

图 2-10 示范研究区坡度阻力系数图

表 2-17 坡度阻力因子及阻力系数

坡度分级/（°）	阻力系数
3	1
3～8	2
8～15	3
15～25	4
>25	5

5. 生态源地提取

国内权威景观生态学者俞孔坚（2009）认为，作为维持区域生态安全的核心斑块，生态源地须满足 3 个层次的目标：维护现有景观过程的完整性；保证生态系统的可持续性；防止生态系统退化带来的各种生态问题。依据其理论，本书从以下 3 个层次对生态斑块进行单因素评价，进而综合识别出维护区域生态安全格局的源地。

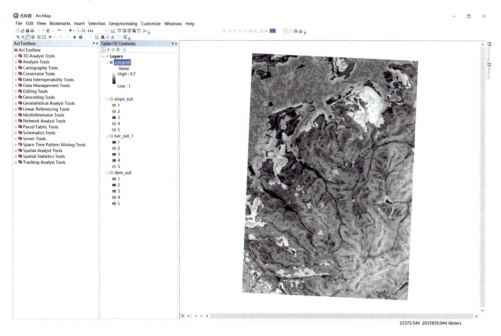

图 2-11　示范研究区综合空间阻力面

（1）斑块面积。维持良好的景观连通性对保护生物多样性和维持生态系统稳定性和整体性具有重要意义。大面积的生境斑块在维持景观连通性中具有重要意义。可以借助 Arc GIS 软件计算得到各斑块面积。

（2）生态系统服务价值。生态源地应该是具有重要生态服务功能的地块，生态系统生物多样性功能高的区域所支持的生境质量更优。考虑到不同土地利用类型的生态系统所提供的生态服务价值差异，对各类生态服务价值的评估主要通过借鉴谢高地等（2015）研制的中国生态系统单位面积生态服务价值当量表来衡量。根据研究区土地利用类型划分，得到耕地、林地、草地、水域、建设用地、裸地 6 类生态用地的生态服务价值系数。

（3）生境质量。生态源地相应具有较高的生境质量。一般而言，生态用地周边土地利用强度高，则生境质量低；反之，则生态用地生境质量高。生境质量评估主要通过分析生态斑块所处区域周边威胁的影响大小来实现。

生态源地是生态用地保护的"源"，是现有物种的栖息地、物种交流与扩散的源点，也是最适宜生态保护的用地，对该区域的生态安全具有重要意义。生态源地一般选择生态功能较强、生物多样性较为丰富的区域，这些区域同样也是土地生态系统中物质循环与能量流动的关键的区域，应重点保护。

生态源地的选取需要遵循以下原则：

（1）应该是生境质量较高的区域。一般来说，水域、面积较大的连片植被区域是生境质量较高和适合生物栖息的区域。

（2）应结合研究区土地实际利用情况和生态情况进行生态源地的选取。即针对研究区的土地利用类型、环境状况和生物栖息情况等因地制宜地选取。

（3）应对生态系统提供服务具有较强的作用。区域生态系统服务价值越高，表明该区域为生态所作的贡献越大，对生态健康发展越有帮助。能为物种提供良好栖息地的区域一般都是生态系统服务功能较高的地方。

生态源地的识别方法：

（1）面积较大的水域、植被；

（2）根据生态服务价值确定；

（3）根据当地规划文件。

根据上文的源地选取原则可知，优质的生态源区生态服务及其价值较高，国内外大部分学者直接选取生态公园、大面积植被或者是水域等为生态安全格局的源地。

6. 成本距离计算

最小累积阻力面反映了哺乳动物的迁徙、植物种子的传播等物种扩散的空间和时间过程，表示生态过程从源地到目标点的最小累积耗费距离，可借助 ArcGIS 中的 Distance 模块实现。将生态源地斑块的中心点作为源/汇点，通过 ArcGIS 中的 Distance 模块进行模拟。

生成未分类的最小累计阻力模型图如图 2-12 所示。

本书根据相关文献研究阻力值将阻力值和生态保护重要性系数分为 5 类（表 2-18），阻力值越低、生态保护重要性程度越高，相关地区开发前更需要考虑当地的生态保护情况。据此生成示范研究区生态保护重要性分级图（图 2-13）。

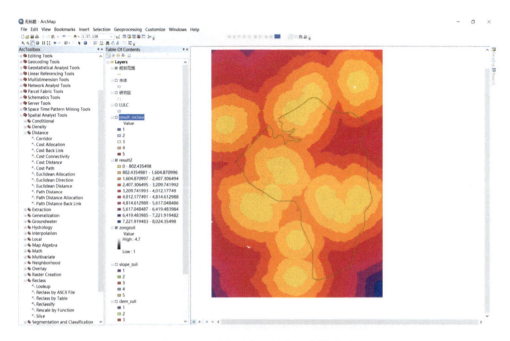

图 2-12 示范研究区最小阻力模型图

表 2-18 阻力值和生态保护重要性系数

阻力值	等级	生态保护重要性
<2000	1	高
2000～4000	2	较高
4000～6000	3	中等
6000～8000	4	较低
>8000	5	低

四、结果分析

1. 生态用地重要性评价结果

根据生态用地重要性评价指标（表 2-12）结合生态用地综合重要性指数分级

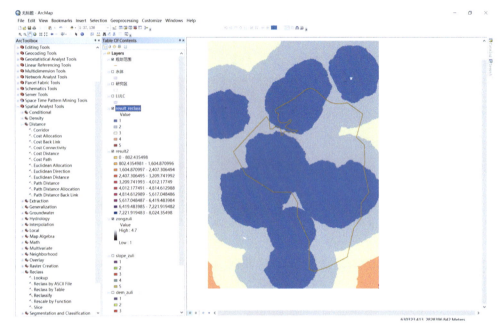

图 2-13　示范研究区生态保护重要性分级图

标准（表 2-13）得到大理满江山地城镇建设开发项目区生态用地重要性等级空间分布图（图 2-14）。结果表明，项目区核心型生态用地共 387.88hm²，占项目区总面积的 33.35%，占全部生态用地面积的 55.54%。从空间分布来看，核心型生态用地集中分布在项目区的南部，而东中西部核心型生态用地出现破碎化，北部零散分布，破碎化更为明显。核心型生态用地是保证项目区生态系统稳定的核心，是物种主要的栖息地和生态系统服务重要供给源，应该严格保护，禁止或尽量避免开发建设。重要型生态用地总面积为 390.42hm²，占生态用地总面积的 33.57%。在空间上均匀地分布在核心型生态用地的外围，与核心型生态用地相邻，成为核心型生态用地和过渡型生态用地的缓冲地带。过渡型生态用地总面积为 196.94hm²，占生态用地总面积的 16.93%，其主要分布在裸地和道路周边，是核心型和重要型生态用地与建设用地过渡部分。一般型生态用地共 110.97hm²，占生态用地总面积的 16.65%，该部分面积占比较少，其主要分布在建设用地和道路的外围，受项目区开发建设干扰较大。

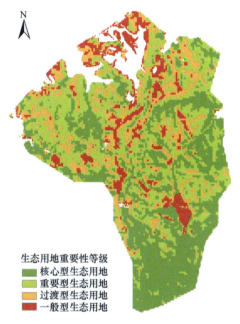

图 2-14　生态用地重要性等级图

2. 生态用地空间布局优化

根据生态用地保护阻力评价指标（表 2-14）得到生态用地保护综合阻力面（图 2-15）。由图 2-15 可知，高阻力区集中分布在建设用地及其周边一定范围的缓冲区内；中阻力区在空间上沿着道路分布；低阻力区空间分布与核心型生态用地分布高度重合，并包括了部分生态脆弱性较高的重要型和过渡型生态用地。

通过提取核心型生态用地并剔除了部分破碎斑块，以此作为项目区的生态源地，以 MCR 模型思想为核心，在 ArcGIS 中利用成本分析工具箱，生成生态用地保护累积阻力面，并根据最小累积阻力值的大小，对生态保护重要性进行空间分区，并对不同重要性分区结果实施不同的保护策略。分区方法参考吕剑成等（2015）、程迎轩等（2016）的研究，选择关于不同累计阻力数对应栅格数的突变情况作为阻力临界阈值的确定依据。按照最小累积阻力的标准方差，初步将生态保护的阻力值划分为 14 类，分别命名为 A1～A14 类，每类间隔四分之一方差。统计每种类别栅格数量及像元值（最小累计阻力值）的对应关系，结果如图 2-16 所示。

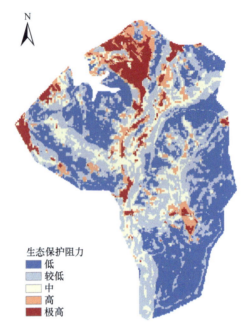

图 2-15　生态保护阻力面

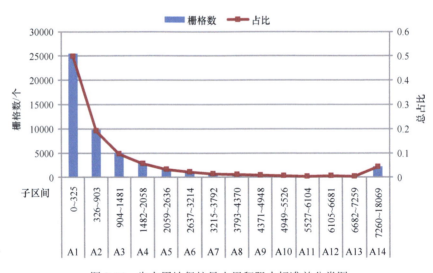

图 2-16　生态用地保护最小累积阻力标准差分类图

由图 2-16 可得，从 A1～A2 类，栅格数量出现大幅度变化，栅格变化量占项目区总栅格数 30.82%，超出了 A2 类栅格数近一倍；A2～A3 类再次出现相对较大的突变，变化幅度占总栅格数 9.37%；此外，A6～A14 类栅格数量则趋向稳定，保持 2%～4% 小幅波动。因此，根据上述的累积阻力值突变情况，选择 325、903 和 2637 作为突变阈值，将项目区生态保护阻力根据最小累积阻力分为 4 类，对应项目区 4 级生态用地保护重要性。对应分区为对应，生态核心区（A1 类）、生态控制区（A2 类）、生态过渡区（A3～C5 类）、生态可占用区（A6～C14 类），具体如图 2-17 所示。

图 2-17　生态用地保护空间分区

对比图 2-14 和图 2-16 可以看出，生态核心区与核心型生态用地吻合度较高，全部核心型生态用地构成 87.32% 的核心区，其余主要为与核心型生态用地紧密相邻的重要型生态用地所构成，其主要是林地和草地以及小部分城市绿地构成。生态核心区占项目区生态用地面积的 52.85%，占项目区总面积的 49.82%，占全域超 1/2 的生态用地构成了项目区开发建设的最低生态安全格局，以保护项目区的生态安全；建成区范围内的生态用地数量较少，在项目区东北部仅有一小片，并受到建设开发较强的空间迫胁，因此应该加强建设开发区域的绿地规划，以保证建成区的公共绿地空间和生态系统服务的供给。

生态控制区主要紧邻核心区分布，主要由重要型生态用地组成，并包括少部分的过渡型生态用地，共占项目区总面积的19.08%。生态控制区作为生态核心区的缓冲区，以减缓建设开发对核心区的扰动，维持核心区生态系统的稳定。

生态过渡区位于生态控制区及生态可占用区，占项目区总面积的20.85%，与《大理满江示范项目区立体规划方案》中设计的未来建设开发区域在空间上高度重合，该区域主要由道路以及道路周边的生态用地构成，既承担了生态缓冲区的功能，又是未来建设开发的后备区域，所以未来此区域建设开发与生态保护的冲突较大，应设置相应的生态走廊和隔离带等针对性的保护措施，保护该区域的生态系统的稳定。

生态可占用区是未来的建设开发区域，共占项目区的10.25%，该区域规避了生态脆弱区，具备较好的开发条件，建设开发适宜性较高。

总之，分区所得结果与项目区现状以及《大理满江示范项目区立体规划方案》中规划建设用地与非建设用地指标以及建设开发区域都具有较高的吻合性，表面分区结果较为可靠。

3. 结论

本书利用最小累积阻力模型构建兼顾生态安全与建设用地扩张的生态保护阻力面，并基于最小累积阻力值的临界阈值对项目区的生态用地格局进行优化，优先保护了生态源地和生态脆弱区，并对未来开发建设适宜区有选择地避让，因此能有效地缓解生态保护与开发建设冲突，从而避免生态保护区与建设开发在空间上重叠的矛盾局面，以维持项目区可持续的发展。由于本书只是对山地城镇建设开发项目区生态用地布局的初步探索性研究，仍存在较多的不足，后续会进一步地深入研究。

参 考 文 献

蔡崇法, 丁树文, 史志华, 等. 2000. 应用 USLE 模型与地理信息系统 IDRISI 预测小流域土壤侵蚀量的研究. 水土保持学报, 14(2): 19-24.

陈利顶, 孙然好, 刘海莲. 2013. 城市景观格局演变的生态环境效应研究进展. 生态学报, 33(4): 1042-1050.

陈阳, 岳文泽, 张亮, 等. 2020. 国土空间规划视角下生态空间管制分区的理论思考. 中国土地科学, 34(8): 1-9.

程迎轩, 王红梅, 刘光盛, 等. 2016. 基于最小累计阻力模型的生态用地空间布局优化. 农业工程学报, 32(16): 248-257, 315.

邓祥征, 林英志, 黄河清. 2009. 土地系统动态模拟方法研究进展. 生态学杂志, 28(10): 2123-2129.

高吉喜, 徐德琳, 乔青, 等. 2020. 自然生态空间格局构建与规划理论研究. 生态学报, 40(3): 749-755.

郭燕, 李长建. 2013. 云南近 45 年太阳辐射初步研究. 农业与技术, 33(2): 154.

黄光宇. 2005. 山地城市主义. 重庆建筑, (1): 2-12.

金贵, 邓祥征, 张倩, 等. 2017. 武汉城市圈国土空间综合功能分区. 地理研究, 36(3): 541-552.

阚欣玥. 2020. 基于 RS 和 GIS 的低丘缓坡开发建设土壤侵蚀研究. 昆明: 云南财经大学.

李景刚, 何春阳, 李晓兵, 等. 2008. 快速城市化地区自然/半自然景观空间生态风险评价研究——以北京为例. 自然资源学报, (1): 33-47.

李俊生, 宋延龄, 徐存宝, 等. 2003. 小兴安岭林区不同生境梯度中小型哺乳动物生物多样性. 生态学报, (6): 1037-1047.

李秀彬. 2002. 土地利用变化的解释. 地理科学进展, (3): 195-203.

吕剑成, 周磊, 洪武扬, 等. 2015. 城市土地生态适宜性分区划分研究——以常州市武进区为例. 长江流域资源与环境, 24(9): 1560-1567.

马学广. 2011. 大都市边缘区制度性生态空间的多元治理——政策网络的视角. 地理研究, 30(7): 1215-1226.

彭建, 赵会娟, 刘焱序, 等. 2017. 区域生态安全格局构建研究进展与展望. 地理研究, 36(3): 407-419.

秦伟, 朱清科, 张岩, 等. 2010. 通用土壤流失方程中的坡长因子研究进展. 中国水土保持科学, 8(2): 117-124.

沈悦, 刘天科, 周璞. 2017. 自然生态空间用途管制理论分析及管制策略研究. 中国土地科学, 31(12): 17-24.

谭淑豪, 曲福田, 黄贤金. 2001. 市场经济环境下不同类型农户土地利用行为差异及土地保护政策分析. 南京农业大学学报, (2): 110-114.

王甫园, 王开泳, 陈田等. 2017. 城市生态空间研究进展与展望. 地理科学进展, 36(2): 207-218.

王宁. 2020. 低丘缓坡山地开发生态服务功能价值变化研究. 昆明: 云南财经大学.

文雅, 龚建周, 胡银根, 等. 2017. 基于生态安全导向的城市空间扩展模拟与分析. 地理研究, 36(3): 518-528.

邬建国. 2007. 景观生态学: 格局, 过程, 尺度与等级. 北京: 高等教育出版社.

吴建生, 岳新欣, 秦维. 2017. 基于生态系统服务价值重构的生态安全格局构建——以重庆两江新区为例. 地理研究, 36(3): 429-440.

肖洋, 欧阳志云, 徐卫华, 等. 2015. 基于 GIS 重庆土壤侵蚀及土壤保持分析. 生态学报, 35(21): 7130-7138.

谢高地, 张彩霞, 张雷明. 2015. 基于单位面积价值当量因子的生态系统服务价值化方法改进. 自然资源学报, 30(8): 1243-1254.

谢高地, 甄霖, 鲁春霞, 等. 2008. 一个基于专家知识的生态系统服务价值化方法. 自然资源学报, (5): 911-919.

杨勤科, 郭伟玲, 张宏鸣, 等. 2010. 基于 DEM 的流域坡度坡长因子计算方法研究初探. 水土保持通报, 30(2): 203-206.

杨庆媛. 2000. 土地利用与生态环境演化浅析. 地域研究与开发, (2): 7-11.

杨子睿. 2019. 流域水源涵养价值评估及分区研究——以南四湖流域为例. 北京: 中国矿业大学.

杨子生. 1999. 滇东北山区坡耕地土壤流失方程研究. 水土保持通报, 19(1): 1-9.

尹礼唱, 王晓峰, 张琨, 等. 2019. 国家屏障区生态系统服务权衡与协同. 地理研究, 38(9): 2162-2172.

俞孔坚, 李海龙, 李迪华, 等. 2009. 国土尺度生态安全格局. 生态学报, 10: 89-104.

岳文泽, 王田雨. 2019. 中国国土空间用途管制的基础性问题思考. 中国土地科学, 33(8): 8-15.

詹运洲, 李艳. 2011. 特大城市城乡生态空间规划方法及实施机制思考. 城市规划学刊, (2): 49-57.

张宏鸣, 杨勤科, 李锐, 等. 2012. 基于 GIS 和多流向算法的流域坡度与坡长估算. 农业工程学报, 28(10): 159-164.

张宏鸣, 杨勤科, 刘晴蕊, 等. 2010. 基于 GIS 的区域坡度坡长因子提取算法. 计算机工程, 36(9): 246-248.

张洪, 等. 2018a. 山地城镇土地可持续利用模式研究. 北京: 科学出版社.

张洪, 李连举, 雷朋才, 等. 2018b. 低丘缓坡山地开发土地规划与监管技术研究. 北京: 科学出版社.

张洪, 石文华. 2016. 基于 GIS 的低丘缓坡建设对水土流失的影响——以昆明市西山区花红园区块为例. 安徽农业科学, 44(16): 78-82.

张科利, 彭文英, 杨红丽. 2007. 中国土壤可蚀性值及其估算. 土壤学报, (1): 7-13.

张秀敏, 陈娟, 杨树华. 1998. 滇池水生植被恢复规划研究. 云南环境科学, (3): 39-41.

张宇硕, 吴殿廷. 2019. 京津冀地区生态系统服务权衡的多尺度特征与影响因素解析. 地域研究与开发, 38(3): 141-147.

赵毓芳, 祁帆, 邓红蒂. 2019. 生态空间用途管制的八大特征变化. 中国土地, (5): 12-15.

周浪, 李明慧, 周启, 等. 2021. 基于电路理论的特大山地城市生态安全格局构建——以重庆市都市区为例. 水土保持研究, 28(2): 319-325, 334.

周文佐. 2003. 基于 GIS 的我国主要土壤类型土壤有效含水量研究. 南京: 南京农业大学.

邹晓云, 邓红蒂, 宋子秋. 2018. 自然生态空间的边界划定方法. 中国土地, (4): 9-11.

Berger T, Brookner E. 1967. Practical design of infrared detector circuits. Applied optics, 6(7): 1189-1193.

Chisholm R A. 2010. Trade-offs between ecosystem services: Water and carbon in a biodiversity hotspot. Ecological Economics, 69(10): 1973-1987.

Conzen M R G. 2004. Thinking About Urban Form: Papers on Urban Morphology. New York: Peter Lang Pub Inc.

Crouzat E, Mouchet M, Tunkelboom F, et al. 2015. Assessing bundles of ecosystem services from regional to landscape scale: insights from the French Alps. The Journal of Applied Ecology, 52: 1145-1155.

Dai D. 2011. Racial/ethnic and socioeconomic disparities in urban green space accessibility: Where to intervene? Landscape & Urban Planning, 102(4): 234-244.

Dennis M, James P. 2016. User participation in urban green commons: Exploring the links between access, voluntarism, biodiversity and well being. Urban Forestry & Urban Greening, 15: 22-31.

Dixon P B, Parmenter B R, Powell A A. 1984. The role of miniatures in computable general equilibrium modelling: Experience from ORANI. Economic Modelling, 1(4): 421-428.

Donohue R J, Roderick M L, McVicar T R. 2012. Roots, storms and soil pores: Incorporating key ecohydrological processes into Budyko's hydrological model. Journal of Hydrology, 436: 35-50.

Gupta K, Kumar P, Pathan S K, et al. 2012. Urban neighborhood green index—a measure of green spaces in urban areas. Landscape and Urban Planning, 105(3): 325-335.

Jansson M , Lindgren T. 2012. A review of the concept 'management' in relation to urban landscapes and green spaces: Toward a holistic understanding. Urban Forestry & Urban Greening, 11(2): 139-145.

Johnson R G, Temple S A. 1986. Assessing habitat quality for birds nesting in fragmented tallgrass prairies. Wildlife 2000: Modeling Habitat Relationships in Terrestrial Vertebrates, 245-249.

Knaapen J P, Scheffer M, Harms B. 1992. Estimating habitat isolation in landscape planning. Landscape and Urban Planning, 23(1): 1-16.

Lindholst A C. 2008. Improving contract design and management for urban green-space maintenance through action research. Urban Forestry & Urban Greening, 7(2): 77-91.

Macarthur R. 1963. Growth and regulation of animal populations. Ecology, 43.

MEA (Millennium Ecosystem Assessment). 2005. Ecosystems and Human Well-Being. Washing, DC: Island Press.

Moore D M, Burgess R L, Sharpe D M. 1983. Forest Island Dynamics in Man-Dominated Landscapes. The Journal of Ecology, 41: 310.

Nadja K. 2015. Ecosystem service implementation and governance challenges in urban green space planning—The case of Berlin, Germany. Land Use Policy, 42: 557-567.

Preston F W. 1962. The canonical distribution of commonness and rarity: Part I. Ecology, 43(2): 185-215, 410-432.

Williams J R, Jones C A, Dyke P T. 1984. A modeling approach to determining the relationship between erosion and soil productivity. Transactions of the ASAE, 27(1): 129-144.

Wischmeier W H, Smith D D. 1978. Predicting Rainfall Erosion Losses: A Guide to Conservation Planning. Washington D C: USDA Agricultural Handbook.

Wolfram S. 1984. Universality and complexity in cellular automata. Physica D Nonlinear Phenomena, 10(1-2): 1-35.

Wu J. 2014. Urban ecology and sustainability: The state-of-the-science and future directions. Landscape and Urban Planning, 125: 209-221.

Wu J, Vankat I L. 1995. Island biogeography: theory and applications. In: W. A. Nierenberg (ed), Encyclopedia of Environmental Biology.

第三章

山地城镇土地可持续利用规划的用地布局与规划指标

第一节　山地城镇土地可持续利用的特征

从空间构成要素和环境看,山地城镇空间由自然要素和人工要素两部分组成。自然要素包括不同山地地形地貌特征下的山体、水体、自然绿化、气候等山地自然环境;人工要素包括建筑、道路、广场、人工绿化等实体的空间形态。自然要素和人工要素在山地城镇地形地貌的复杂性和多样性背景下的有机结合,造就了山地城镇土地可持续利用的立体化景观特征。主要表现如下。

一、时空景观的多样化

山地立体的自然环境造就了山地城镇多样的自然资源、自然景观和人文景观。山地城镇景观从空间形态上看比平原城市多一个立体的维度,平原城镇以建筑来形成城镇立体空间,而山地城镇是在自然已形成的山体空间格局之上来形成城镇立体空间,岗、岭、梁、谷、崖、坡、坎、垇、沟等地貌特征使景观丰富多变(陈亮,2012)。由于山势的依托,人的视点比平原城镇高,也比平原城镇多样,能观察和体验的城镇空间会比平原城镇多,作为背景的连绵山体、作为点缀的城内山丘，更使得山地城镇空间丰富多样。

二、用地布局的局限性及复杂性

山地城镇受水环境、地质条件、地形地貌等自然因素的影响，其内部适宜建设用地差异性很大，在山地城镇鲜有布局规整的土地利用形态，不规则、分散是山地城镇用地的突出特征。同时，山地城镇用地多为坡地，内部存在复杂的高差变化，对城镇道路、基础设施布置都有着很大的影响，也为城镇功能的有效组织带来诸多限制。例如，坡向、坡度、高程等问题都极大影响着城镇土地利用功能的发挥；山地城镇生产用地、生活用地和生态用地的优化配置，决定着山地城镇自然环境和人工环境的有机组合程度，尤其关系到自然环境能否通过土地利用功能的优化得以延续。同时，山体的高度、大小、与河流水体的关系、灾害的易发程度等复杂性因素又会导致山地城镇环境形成独特的城镇空间和景观格局，进而形成复杂的山地城镇土地利用方式。在考虑山地城镇的功能分区与用地布局时，要注意各个地段的建设条件，各地块之间及其周围地区的交通联系等。因此，对山地城镇用地的空间组织和功能布局的优化，显得尤为重要。

三、生态环境的敏感性

山地城镇立体化的地貌特征，决定了气温、降水等气候环境因子呈立体分布的三维特性，分布于不同高程带的河流、林地、分水岭、陡坡、冲沟、滑坡构成了不适于城镇建设的不同性质的生态敏感区域。这些生态敏感区域可以分为自然景观性生态敏感区、物种多样性生态敏感区、特殊价值性生态敏感区和自然灾害性生态敏感区四类（黄光宇，1994）。即自然景观性生态敏感区：自然环境长期演进而成的，具有植被、地貌等方面特色与观赏价值的景观区，如峡谷、河流、特色林区；物种多样性生态敏感区：物种种类丰富、种群密度相对较大，对维护物种的延续具有一定保护价值且容易遭受破坏的区域，多位于河岸、山麓等边缘地带；特殊价值生态敏感区：具有特定生态价值与自然演进价值的区域，如湿地、地下水回灌区、特殊动植物物种保护区等；自然灾害性生态敏感区：易引起山地灾害的地域，包括地质灾害敏感区（滑坡、崩塌区）和地貌灾害敏感区（冲沟、分水岭、陡坡等）。它们既是城镇建设需要避让或进行特殊利用的区域，又是城镇生态平衡的保障及涵养区域，从空间上看，它们或成为穿插于城镇之中的建设用地分隔区，或形成环绕于城镇外围并界定城镇建设用地边界的限制区。

四、空间的多维性

山地地形地貌特征是山地城镇空间变化多维性的自然基础，表现为地形、地貌、坡度、生态环境等因子以及社会、经济因子在山地空间的立体分布，以及各自然地理要素和人文要素在山地区域的立体空间组合，进而促使山地城镇土地利用在自然要素和人工要素的有机结合下，在结构和功能上形成立体化的山地城镇空间形态，表现为城镇空间的立体化、城镇景观的立体化以及城镇交通的立体化等（图3-1）。

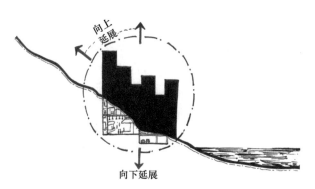

图 3-1 山地城镇可利用空间示意图

与平原城市相比，山地城镇可利用空间不仅沿高低起伏的用地基底延伸，而且具有竖向的三维空间分布的特点，有向上、向下延展的空间挖掘潜力。自然的山水格局，使山地城镇空间的增长过程中一般都要经历对自然山水的改造使之适应城镇发展的过程，随着城镇空间的三维集聚，山地城镇空间格局显示出集约化发展的趋势，体现在沿山体坡面的延展、宜建区域建设强度的提高以及地下、半地下空间的深度利用。

第二节　山地城镇土地可持续利用规划的原则

一、生态优先、兼顾社会及经济效益

由于山地开发的灾害易发性和生态破坏的不可逆性，山地城镇土地开发更需要坚持生态优先，保留足够的生态用地和生态廊道，确保生态安全。在此前提下，再安排社会经济发展所需要的建设用地。

二、依山就势、立体利用土地

山地城镇土地立体利用，要将山地作为一个完整的城镇空间加以认识、规划和建设，以山地城镇三维界定空间为规划对象，以复杂的山地土地利用特性、城镇功能和景观的有机结合为核心，以协调山地城镇空间各组成部分用地的功能、结构、规模以及格局的优化为目标，实现山地城镇土地开发利用的多维度化、土地利用功能的多目标和多样化，以及土地利用景观空间的立体化。

具体为：沿山地区域水、热、气不同梯度方向和充分利用地面、地下空间资源，将土地利用类型和功能"立体化"，土地利用布局于立体空间中，建设适应山地地形、气候、山地景观与山地文明的生态化、和谐发展的人居环境。实现山地城镇产业布局的立体化，基础设施建设的立体化、城镇空间格局的多维化、人居环境舒适化、山地生态系统的多样化，达到山地城镇空间多层次化，各种用地功能有组织地分布于不同高程，形成不同职责、不同功能在空间上的叠置，以提高山地城镇整体土地利用空间的容量与效率。

三、集约利用土地

山地城镇土地集约利用是高生态安全约束下山地城镇土地开发利用的必然要求。首先，由于受山地地形地貌等客观条件限制和高生态安全需要较多生态用地的约束，拟建设开发山地的适宜建设用地较少，要满足经济社会快速发展对建设用地的需求，只能通过提高土地利用率、集约利用宜建土地。其次，从经济角度考虑，山地城镇土地开发的单位面积建设用地成本高，集约利用宜建土地，可以避免用地的粗放带来的资源的浪费。最后，采取宜建土地集约利用，可以保留较多山地生态用地，减少山地开发对山地生态系统的扰动。

第三节　山地城镇土地可持续利用规划要点

前面的理论分析和实证研究表明，山地城镇土地开发与平原区域有很大的差异，这就要求山地城镇国土空间规划及土地利用应该具有自己的特点，必须坚持生态安全约束下土地可持续利用。山地城镇土地可持续利用规划应该满足以下规划要求。

一、生态优先的三维立体规划

与平原城市不同，山地城镇土地可持续利用规划是三维立体的国土空间规划，依据山体不同位置和坡度，布局不同的用地类型，宜建则建，宜林则林。这就要求山地城镇土地可持续利用规划是生态安全约束下的国土空间立体规划。山地城镇建设区立体开发模式示意如图3-2所示。

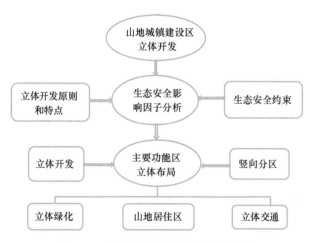

图 3-2　山地城镇建设区立体开发模式

山地城镇立体规划该规划的要点如下。

1. 优先布局生态用地

山地城镇土地开发前，必须依据第二章的生态关键因子，进行区域生态安全级别划分，明确山地城镇建设开发的生态安全等级及其空间分布，形成山地城镇土地开发的生态约束。山地城镇建设开发只能选取生态风险较低的区域作为拟开发区域，按照生态安全级别进行拟开发区域的优先级排序（图3-3）。

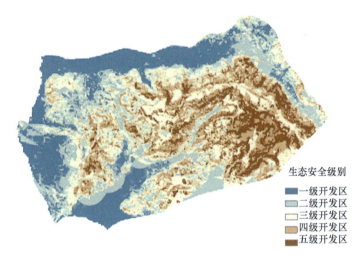

生态安全级别
- ■ 一级开发区
- ■ 二级开发区
- □ 三级开发区
- ■ 四级开发区
- ■ 五级开发区

图3-3　大理市海东区开发前生态安全级别划分

2. 生态约束下山地城镇土地立体开发布局

在山地区域生态安全级别判定及生态用地重要性评价的基础上，对适宜建设的山地区域采用立体开发模式，充分统筹地上和地下空间，在竖向分区的基础上，对居住、绿地、交通等用地再进行具体的立体开发规划（图3-4）。

在山地城镇土地立体开发的功能布局上，根据土地利用的高效、便捷、可持续等原则，一般将承载综合服务功能的公共服务设施布局在较为平缓的低层区域，居住区域布局在中层，景观区域布局在高层，中间以绿廊、绿带进行楔入。从具体利用形式上看，山地城镇的立体化利用形式呈现多样化。地上空间利用主要包括立交桥、高架桥、地上轨道高架线路、空中步行连廊、骑街楼等；地下空间利用主要包括地下人防工程、地下步行通道、地下停车场、地下交通枢纽、地下商业街、地下市政管线系统、地下市政场站等，还有地上、地表、地下综合开发利用的城市综合。

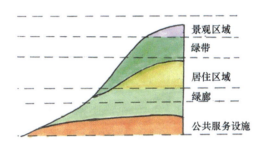

图 3-4　山地城镇土地立体开发的功能布局示意

二、竖向规划设计的精细化

与平原城市不同，山地城镇土地可持续利用规划更关注山地高程差对建设用地空间布局的影响，增加建设用地竖向开发的规划要求，包括项目建设场地的竖向布局，道路和公共设施系统的竖向布局，绿化的竖向布局，以适应山地立体特征。

在山地城镇建设中，竖向规划设计的精细化首先要从地块划分入手，地块划分首要考虑的因素是保证城镇安全，避让山体滑坡、塌陷、山洪等自然灾害，明确其防护边界在规划地形复杂、坡度变化突出的地区。地块划分是以相对平整的台地作为基准，兼顾防护坡的合理性和等高距的应用，同时汇入用地性质等多种要素共同来完成，不应局限于地块形状的规整性及规模（冯丽等，2011）。山体地形的特点，决定了山地城镇的面貌不是平整的、平面的，而是立体的，具有多维度的城市特征。

例如，绿地的规划设计方面，不应该只按照原来寻常的状态而存在，应该从二维的平面中突围，跟随多维度的城市特征，尊重和服从山地小空间地势特点，通过多维度、层次错落的立体绿化改变整个城市绿化面积与建筑硬地面积的比例，打破传统建筑、景观绿化相互独立的关系。

再如，道路的规划设计方面，山地城镇不可能像平原城镇一样进行网格式道路系统的布局，而更多地采取结合地形的分散组团式结构与灵活自由式道路组织系统。竖向规划设计过程中，路网布局及竖向规划是核心，作为城市的骨架，重点应理清道路竖向与其他竖向的关系及控制方法。进行路网布局及道路竖向设计过程中需考虑周边地块的使用，两者相互联系和制约。片区路网及道路竖向设计是大片区域协调控制的结果，同时地块对其四周的道路竖向起到制约和反馈作用。

三、建设用地的集约利用

由于山地城镇开发的生态约束较大，可开发区域的连片度相对较低，加上场地平整、道路建设、生态防护等工程的建设，山地城镇建设投资费用普遍比平原城市高 15%~30%，为克服重力及地形障碍的能耗也要大得多。所以山地城镇土地可持续利用规划更强调"建好宜建的区域"，落实山地区域建设用地节约集约利用有以下要点。

1. 多样化的平面布局形式以适应地形变化

山地城镇用地平面布局应以"大分散、小集中"为总原则，综合运用行列式、点群式及混合式，使得建设用地布局能够适应复杂地形的变化，达到土地利用率的最大化。

2. 缩小建筑物的日照间距

坡度、坡向、高差等山地的特征元素对于缩小建筑的日照间距有显著效果，如南向坡地建筑物的间距比相同日照条件下的平原建筑物间距小，这为用地集约性提供了条件。

3. 适当加大建筑密度和容积率

与新加坡等山地城市相比，我国山地城镇的建筑密度和容积率普遍偏低，还有较大的提升空间。在确定地块开发强度指标时，从集约用地的角度出发，在保证居住质量的前提下，应适当提高建筑密度和容积率指标。

4. 开发利用山地城镇的地下空间

目前，我国的地下空间利用远不如发达国家，山地城镇地下空间的开发利用还有广阔的前景，除了可以修建地下停车场外，还可以用于建设地下商业、住宅、地下公共服务设施等（许华华，2009）。

5. 北向坡的利用

北向坡地建筑物需要解决的主要问题是建筑物的日照采光问题。可以采取两种方式解决：第一，利用相邻两栋建筑物的墙面反光为其中一栋的北向建筑物提供光源；第二，通过调整北向建筑物与等高线的夹角来使建筑物获得较好的朝向。

6. 道路交通组织

山地城镇的道路交通组织可利用山地的地势高差，组织立体化的人行和车行网络，将人行和车行流线在空间上重合，以达到集约用地的目标。山地城镇的路网结构应采取以"人车混行"的方式为主，只在少数地段，如集中公共绿地采用人车分行的模式。而且在采用人车分行时，做到往立体方向发展，尽量少占地面面积，提高地面的空间利用效率。

第四节　山地城镇用地空间布局

一、山地城镇用地空间布局的基本原则

1. 有机分散与紧凑集中原则

协调快速城镇化进程中城市人口扩张与土地资源短缺的矛盾，重构城镇发展与自然生态系统的平衡机制，尊重自然地形地貌，城镇建设开发地块有机串联。

2. 职住平衡的生活圈服务区发展原则

建立工作（生产）与生活就地平衡的生活圈服务区发展模式，以减少居民上下班通勤、接送孩子上学放学、购物、休闲方面在路途上的时间消耗和能源消耗，提高工作效率和生活幸福感。

3. 多中心、组团结构原则

缓解由于人口向城镇中心地区过度集中而引发的公共卫生、交通拥挤、能源消耗增加、热岛效应加剧等问题和由此引起的空气、噪声污染和交通安全事故等生态安全与环境恶化的问题，同时使组织步行、自行车交通和公共交通、减少对私人小汽车交通的依赖成为可能,因而减少小汽车交通对城市环境的污染和干扰,减少道路交通面积及其建设投资。

4. 绿地楔入原则

组团之间保留的陡坡、冲沟、农田、林地、湿地等绿色自然隔离地带和生态廊道，是山地城市空间布局结构的重要有机组成，同时它是生物流和能量流的重要通道，有利于形成完善的生态绿地系统，发挥绿地系统的通风、降温、降尘、减噪、净化空气、蓄水、减灾防灾、生物繁衍、改善环境质量、增加城市开敞空间等综合生态服务功能，形成山地城市与自然协调和谐的城市生态文化，为市民创造良好的户外交往和休闲、游憩活动场所以及动植物的栖息环境（黄光宇，2004）。

5. 多样性原则

多样性原则包括山地城市的文化多样性原则、生物多样性原则和景观多样性原则，有利于形成人与自然、人和生物、历史与现状、新城与旧城共生共荣、生机活力的景观格局。

6. 个性特色原则

山地城镇用地空间布局要克服现代城市的单调和千篇一律的通病，注重自然环境特色、地域文化特色、建筑风貌特色等方面个性特色的发挥，体现人和自然高度密集融合和山水文化的哲学理念。

二、山地区域城镇用地空间布局

（一）国内外山地城镇用地空间布局

从国外城市建设史不难看出，早期的山地城镇实则是城堡、卫城，是最易防守和最高的据点。例如，从公元前 2000 多年的巴尔干半岛——古希腊的爱琴文化城市迈锡尼，公元前 5 世纪希腊古典时期的雅典卫城，希腊化时期的普南城，到中世纪意大利著名山城锡耶纳、法国圣密启尔山城、德意志的纽伦堡等，这些城市在防潮、防风、水源充足的高山地段选址建设防御工事，形成城市中心，在较低的山坡上重点布局居住区，公共中心布局在各地区都能到达的中间地段。沿山坡的等高线修建坡度平缓、较为宽阔的车行道，用垂直于等高线狭窄的步行道与车行道联系。整个城市平面布局和空间结构服从于地形。随着社会经济的发展，城市兴起和发展的主要因素发生了很大变化，军事防御已不再是城市的主要考虑要素，于是城市居民从周围卫城逐渐向平缓地段转移，形成以卫城或城堡为中心的城市，如雅典城市，多数的山地城市没有得到更进一步的发展。

苏联规划学者 B. P. 克罗基乌斯在研究了世界上 200 多个有名的山地城市的演化后，总结出山地城市空间演变的规律：绝大多数城市在其发展初期，有一个紧凑的平面（早期的城市中心布置在山顶、山坡或河谷）。随后，坡度较小的用地被使用，于是，形成与河谷或岸边阶地形态相应的带状（线状或树枝状）规划结构，或者形成由一些孤立的高地或盆地组成分散的组团结构，后来逐渐在靠近市中心最近陡坡上进行建设，同时开发较远的平坦地段，在城市用地范围内优先利用平坦地段布置工业区，修建对外交通、商业中心及其吸引群众、交通频繁而又重要的建筑工程项目；在与城市各部分具有最好交通条件的地段（通向海边的河谷出口处，几个河谷的联结处，山道、高原之间的地狭处，盆地中心等）发展全市中心区。同时他在《城市与地形》中阐述了城市与地形的关系，他总结到每种地形都给城市规划与建设提出特殊任务，这就决定了在同一类型的地形情况下，城市规划的手法有一定的共同性，因此可以发现在各类地形和各类城市规划空间结构之间存在着一种规律性的联系。他同时归纳了山地地形条件下的规划空间结构的集中结构、带状结构、组团结构等空间形态类型，在这三种类型下按陆、海两类划分，陆地细分为：高地、冲沟丘陵、谷地、盆地；海滨细分为：半圆剧场性海湾、河谷海湾谷地、半岛、河口四种（吴勇，2012）。

国内典型的山地城市有重庆、青岛、香港，以及宜宾、遵义、攀枝花等。山地城镇建设的基底不同于平原城市，在自身空间形态构成方面，山地城镇比平原城镇更有优越性。但是山地区域的可建设用地一般比较分散，这就决定了山地城镇在用地布局上不能单一地套用平原地区连续性扩展的模式。对于复杂的地形，要遵循优先布置主要功能项目的原则，在考虑城市的功能分区与用地发展时，要注意各个地段的建设条件，当然，也不能忽视这些地段之间及其周围地区的交通联系等。由于山区和山地城市所处的地理区位、海拔、地形坡度、气候、降雨和日照等自然条件的差异，山地城市布局结构的类型也多种多样。山地城市的结构形态一般可以分为带型、紧凑集中型、组团型、树枝型、串联式等。

此外，山地城镇用地稀缺，但是为了保障城镇的安全，规划中必须对建设用地进行限制，让建设区后退，使冲沟、滑坡、陡坡上缘荷载减小，使建设的安全得到提高，建设用地后退后，对其进行绿化，并兴建截污、截洪沟等环保设施，使地表径流对冲沟、滑坡、陡坡区的冲蚀减弱，水土流失减少，从而达到保障城镇安全，改善水环境的目的。

在以往山地城镇的规划中，也在不断探索对灾害敏感区进行合理利用的积极途径，将经过整治的冲沟、滑坡等地质灾害敏感区进行绿化，将其建为公共绿地，冲沟成为楔入城镇的绿色走廊，而可建设用地则加大建筑密度和容积率，提高土地利用率，这样既保证了居民的户外活动空间，又满足了用地的要求。

（二）山地城镇用地开发边界的管理

以紧凑发展作为规划的核心思想，保存大量自然生态空间及其价值，最大限度地保护农田、森林、草地等自然生态系统。

1. 非建设用地的管理

城镇开发边界以外的区域属于城镇建设不能用地的范围。该区域由于存在多种生态限制要素，生态敏感性高，应优先实施生态保护，进行生态环境建设。根据生态功能的差异性，划为基本农田保护区、自然保护区、水源保护区、森林公园、郊野公园、生态隔离带等，分层次进行保护与控制，保证这些非建设用地土地资源的可持续利用。

2. 建设用地的管理

城镇开发边界以内的区域总体上被规划为城镇建设主要用地区域，但并不等于可以任意开发建设。该区域内部也存在部分城市建设生态限制因素，因此要根据资源环境条件与生态承载力等，确定城市开发模式、规模与强度。同时，要注重城镇绿地建设与环境污染防治，塑造良好的人居环境。

（三）各主要类型用地布局

1. 居住用地布局

居住用地依托各绿带和沟谷绿地分布，形成五分钟生活圈居住区–居住街坊两级结构。由于在山地区域居住需要克服海拔的纵向爬升，影响设施的服务半径，因此，为集约利用土地，提高设施的服务半径和服务水平，规划可将居住用地与商业用地、公共服务设施用地相互兼容，用途混合。

2. 公共服务设施用地布局

公共服务设施主要沿主要步行道展开，并与各个开敞空间相互联系。社区级公共服务设施围绕五分钟生活圈居住区广场展开，各便民服务设施便捷地布置于各居住街坊，形成分层级的公共服务网络。

3. 道路交通系统用地布局

道路是山地城镇的骨架，它是山地城市空间布局的整体形象和形态特色的重要组成部分。道路展现了城镇建设与地形结合的特征，道路选线尽量结合项目地形和现有道路，应多运用"人车分离""步行优先"的思路，整体上形成依山就势的道路格局，既能够节约用地，还能保护自然山体。

（四）山地城镇城市设计关注点

1. 择高

山地城镇是一个三维的城市空间。因此，在设计山地城镇时，要注意空间的多维性。高度的变化，不仅会影响气候、生态环境、植被，还会影响城市的建设。例如，建设运输较大、工程较大的公共建筑应布置在高度较低的地方。

2. 择坡

坡地对于山地城市来说，是十分常见的。因而，坡地对山地城市的设计影响很大。在设计山地城市时，应考虑坡度的不同、坡向的不同而决定山城市的总体规划布局、用地选址、建筑设计、道路交通组织和景观设计等。

3. 留顶

留顶是指山体的顶部需要留出来，用以作为城市的绿化景点。山地城市设计需要留顶，是因为山地城市有多种山体分布，应该考虑多维设计，使城市空间集约化。

4. 绿廊

山地城镇建设应在城镇各片区高度发展的条件下，保留各片区间的林地、陡坡地、湿地等，形成天然的绿色屏障。这些绿色屏障能够减噪、降尘、蓄水、净化空气、改善环境。

5. 轮廓

建筑是感知城市空间的标志物，山地建筑的独特形态是山地城市风貌的特色因子。在控制建筑系统时，应该结合山地本身不规则几何形状和"肌理"对建筑系统平面及立面轮廓同时进行把控，加强城市标志性建筑物及构筑物的设计，有助于体现城市的个性、地域文化和精神，使城市面貌得以美化，形成山地城镇有机的城市肌理。

6. 低影响开发

低影响开发（low impact development，LID）是一种通过减小场地开发前后水文特征变化，减少雨水径流对城市以及自然水环境不良影响，以实现水资源良性循环的一种新型雨水管理模式。其技术类型主要如下：

（1）生物滞留塘。生物滞留塘是通过强化下垫面的雨水蒸发以及渗透能力，模拟地表自然水文过程，实现滞留、净化雨水径流的目的，是一种初期投资十分便宜，并且易于实施的原位控制技术。技术的实施主要受到场地空间、土壤类别以及地下水位等条件的影响。

（2）渗透性铺装。渗透性铺装是一种多微孔状的城市下垫面结构，通过增强下垫面的渗透能力，延长雨水产流及汇流时间，削减径流峰值。透水铺装可用于车行道、人行道及公园广场等地，根据用地性质的不同，其材质、结构强度、施工技术及管理维护要求会有所不同，是一种工程造价相对较低的 LID 技术措施。

（3）雨水调蓄设施。雨水调蓄设施是通过设置雨水桶、蓄水池或过滤池等储水设施，收集屋顶或地面的雨水径流，实现削减径流峰值的目的。结合地区水资源条件，对收集的雨水进行处理，还可实现雨水的资源化利用，缓解区域水资源紧缺的压力。

（4）绿色屋顶。绿色屋顶是一种结合建筑景观设计，通过在屋顶种植绿色植物，建立的一种持续、开放的绿色生态系统。现阶段，绿色屋顶技术在德国、美国等发达国家有比较成熟的应用。

第五节　山地城镇建设开发土地可持续利用规划主要控制指标

一、现有各类规划指标体系的梳理

山地城镇建设开发土地可持续利用规划涉及不同尺度、不同区域的规划对象，规划主要控制指标的确定要在了解相关规划职能及控制性指标（表 3-1）的基础上进行。

二、城市建设用地主要常规控制性指标体系

1. 人均建设用地指标

（1）依据《城市用地分类与规划建设用地标准》（GB 50137—2011）中 4.2 的

表 3-1　相关规划职能及控制性指标

规划类型	主要职能	应用尺度	主要控制指标
城市总体规划	城市总体规划指导与调控城市发展建设的重要手段。经法定程序批准的城市总体规划是编制城市近期建设规划、详细规划、专项规划和实施城市规划行政管理的法定依据。同时，城市总体规划是引导和调控城市建设，保护和管理城市空间资源的重要依据和手段，也是城市规划参与城市综合型战略部署的工作平台	城市、城镇	人均GDP、第三产业比重、国际游客数量、大型国际会议数量、国际航空旅客吞吐量、著名跨国公司设立各类总部（家）、劳动密集型产业占全省比重、固定资产投资占全省比重、每万人拥有医生数、每10万人图书馆数量、每10万人影剧院数量、高等教育毛入学率、城乡居民收入比例、城乡居民恩格尔系数比例、农村居民工资性收入比例、乡村公交通车率、森林覆盖率、城镇人均绿地面积、水网密度、水面率、水环境质量达标率、公共交通分担率、轨道交通客运比率、高峰时段城市平均行车时速、单位客货运输周转量能源消耗、万元工业增加值水耗、工业用水重复利用率、能源利用效率、清洁能源利用比例、垃圾回收利用率、新增建设用地中整理土地的比例
控制性详细规划	控制性详细规划是以总体规划或分区规划为依据，进一步深化总体规划或分区规划的意图，达到有效地控制用地和规划管理。具体对近期建设或开发地区的各类用地进行详细划分，确定其使用性质、人口密度和建筑容量，确定规划内的市政公用和交通设施的建设条件以及内部道路与外部道路的联系，提出控制指标和规划管理的要求，为土地的综合开发和规划管理提供必要的依据，同时以指导修建性详细规划的编制	城市、项目区及具体地块	控制性详细规划（控制性详规，控规）的控制指标分为规定性指标和指导性指标。规定性指标为以下各项：用地性质、用地面积、建筑密度、建筑红线后退距离、容积率、绿地率、交通出入口方位、停车泊位及其他需要配置的公共设施。指导性指标一般为以下各项：人口容量、建筑形式、体量、色彩、风格要求、其他环境要求
土地利用规划	城市外部：通过城市规划区、规划建成区的划定，确定城市的空间发展方向，促进、保障城市建设的有序发展。协调城市建设用地与非城市建设用地的关系；城市内部：为各种城市活动安排必要的空间（工作、居住、游憩、交通）	城市、项目区及具体地块	耕地保有量、基本农田保护面积、园地面积、林地面积、牧草地面积、建设用地总规模、城乡建设用地规模、城镇工矿用地规模、交通、水利及其他用地规模、新增建设用地总量、新增建设占用农用地规模、新增建设占用耕地规模、整理复垦开发补充耕地义务量、国家整理复垦开发规模、人均城镇工矿用地
竖向规划	控规中场地竖向规划是在一定的规划用地范围内进行，它既要使用地适宜于功能分区、地块划分、地块性质、满足防洪、排涝、交通运输，管线敷设的要求，又要充分利用地形、地质等环境条件。因此，必须从实际出发，因地制宜，随坡就势，结合其内在的要求和目的特点，作好高程上的安排，不能把竖向规划当作平整土地、改造地形的简单过程，而是为了使各项用地在高程上协调，平面上和谐，以获得最大社会效益，经济效益和环境效益为目的	城市、项目区及具体地块	总用地面积、总建筑面积、住宅建筑总面积，平均层数、容积率、建筑密度、住宅建筑容积率，建筑密度、绿地率、工程量及投资估算

续表

规划类型	主要职能	应用尺度	主要控制指标
生态市建设规划	为进一步深化生态示范区建设，国家环境保护总局于2003年5月编制并印发了《生态县、生态市、生态省建设指标（试行）》。生态市建设规划围绕全面建设小康社会，以全面、协调、可持续的科学发展观为指导，运用生态经济和循环经济理论，统筹区域经济、社会和环境、资源的关系，以人为本，通过调整优化产业结构，大力发展生态经济和循环经济，改善生态环境，培育生态文化，重视生态人居，走生产发展、生活富裕、生态良好的文明发展道路	城市、城镇	年人均国内生产总值、年人均财政收入、农民年人均纯收入、城镇居民年人均可支配收入、第三产业占GDP的比例、单位GDP能耗、单位GDP水耗、应当实施清洁生产企业的比例规模化企业通过ISO-14000环境管理体系标准认证比率、森林覆盖率、受保护地区占国土面积比例、退化土地恢复率、城市空气质量、城市水功能区水质达标率、主要污染物排放强度、集中式饮用水源水质达标率、噪声达标区覆盖率、城镇生活垃圾无害化处理率、城镇人均公共绿地面积、旅游区环境达标率、城市生命线系统完好率、城市化水平、城市气化率、城市集中供热率、恩格尔系数、基尼系数、高等教育入学率、环境保护宣传教育普及率、公众对环境的满意率

注：ISO14000系列标准是为促进全球环境质量的改善而制定的一套环境管理的框架文件，目的是加强组织（公司、企业）的环境意识、管理能力和保障措施，从而达到改善环境质量的目的。在我国采取第三方独立认证。

要求，规划人均城市建设用地面积指标应根据现状人均城市建设用地面积指标、城市（镇）所在的气候区以及规划人口规模，按表3-2的规定综合确定，并应同时符合表中允许采用的规划人均城市建设用地面积指标和允许调整幅度双因子的限制要求。

表3-2　规划人均城市建设用地面积指标　　　　　（单位：m²/人）

气候区	现状人均城市建设用地面积指标	允许采用的规划人均城市建设用地面积指标	允许调整幅度		
			规划人口规模≤20.0万人	规划人口规模20.1万～50.0万人	规划人口规模>50.0万人
I、II、VI、VII	≤65.0	65.0～85.0	>0.0	>0.0	>0.0
	65.1～75.0	65.0～95.0	+0.1～+20.0	+0.1～+20.0	+0.1～+20.0
	75.1～85.0	75.0～105.0	+0.1～+20.0	+0.1～+20.0	+0.1～+15.0
	85.1～95.0	80.0～110.0	+0.1～+20.0	−5.0～+20.0	−5.0～+15.0
	95.1～105.0	90.0～110.0	−5.0～+15.0	−10.0～+15.0	−10.0～+10.0
	105.1～115.0	95.0～115.0	−10.0～−0.1	−15.0～−0.1	−20.0～−0.1
	>115.0	≤115.0	<0.0	<0.0	<0.0
III、IV、V	≤65.0	65.0～85.0	>0.0	>0.0	>0.0
	65.1～75.0	65.0～95.0	+0.1～+20.0	+0.1～+20.0	+0.1～+20.0

气候区	现状人均城市建设用地面积指标	允许采用的规划人均城市建设用地面积指标	允许调整幅度		
			规划人口规模≤20.0万人	规划人口规模20.1万～50.0万人	规划人口规模>50.0万人
III、IV、V	75.1～85.0	75.0～100.0	−5.0～+20.0	−5.0～+20.0	−5.0～+15.0
	85.1～95.0	80.0～105.0	−10.0～+15.0	−10.0～+15.0	−10.0～+10.0
	95.1～105.0	85.0～105.0	−15.0～+10.0	−15.0～+10.0	−15.0～+5.0
	105.1～115.0	90.0～110.0	−20.0～−0.1	−20.0～−0.1	−25.0～−5.0
	>115.0	≤110.0	<0.0	<0.0	<0.0

资料来源：《城市用地分类与规划建设用地标准》（GB 50137—2011）。

注：①气候区应符合《建筑气候区划标准（GB 50178—1993）》的规定；②新建城市（镇）、首都的规划人均城市建设用地面积指标不适用本表。

（2）新建城市（镇）的规划人均城市建设用地面积指标应在85.1～105.0m²/人内确定。

（3）边远地区、少数民族地区城市（镇），以及部分山地城市（镇）、人口较少的工矿业城市（镇）、风景旅游城市（镇）等，不符合表3-2规定时，应专门论证确定规划人均城市建设用地面积指标，且上限不得大于150.0m²/人。

2. 城市建设用地结构

依据《城市用地分类与规划建设用地标准》（GB 50137—2011）中4.4的要求，居住用地、公共管理与公共服务设施用地、工业用地、道路与交通设施用地和绿地与广场用地五大类主要用地规划占城市建设用地的比例宜符合表3-3的规定。

表3-3　规划城市建设用地结构　　　　　　　　　　（单位：%）

用地名称	占城市建设用地比例
居住用地	25.0～40.0
公共管理与公共服务设施用地	5.0～8.0
工业用地	15.0～30.0
道路与交通设施用地	10.0～25.0
绿地与广场用地	10.0～15.0

资料来源：《城市用地分类与规划建设用地标准》（GB 50137—2011）。

风景旅游城市（镇）以及其他具有特殊情况的城市（镇），其规划城市建设用地结构可根据实际情况具体确定。

3. 建设项目地块规模

（1）原则上应当按规划控制道路红线围合的街坊进行整体规划建设；对无法成街坊整体开发的用地，应当在同一街坊内整合周边可开发用地，统一开发建设。

（2）不能成街坊整体开发的商品住宅项目建设用地面积不得小于 $0.67hm^2$（净用地 10 亩[①]）。非住宅项目建设地块面积不得小于 $0.20hm^2$，其中涉及高层建筑开发项目的建设地块面积不得小于 $0.30hm^2$。

（3）不能被整合，且地块面积小于 $0.20hm^2$ 或地块宽度（进深）小于 30m 的畸零建设用地，不得进行单独开发，原则上只能用于公共绿地、城市道路和公益性公共设施、市政设施等的建设。

4. 建筑容量控制

土地开发强度控制原则：项目区内，坡度较小的片区开发强度高，坡度较大的片区开发强度低；挖方地强度高，填方地强度低；生活服务设施用地强度高，生产市政设施用地强度低；开发强度与用地交通条件相适应。

综合评定待开发区域环境对土地开发强度的承载能力，在符合国土空间规划的前提下，综合山地区域已开发项目区域建设实际情况，横向比较国内其他山地城镇规划建设指标控制要求，将山地城镇用地开发强度控制分区及各区域的控制标准确定如下。

（1）非开发强度地区。规划中规定的城市绿地、水系、开敞空间、生态保护区等，均未划入城市各类开发强度地区，这类地区属于城市的开敞空间、视廊、景观通道、城市隔离带，不得兴建大型建筑（$>1000m^2$），其建设活动要经过生态环境影响评估确定无碍后方可进行。此类地区的容积率在 0.1 以下，绿地率应大于 98%。

---

① 1 亩≈$666.67m^2$。

（2）各类开发强度地区。

第一，高强度开发地区。指开发区域重要公共空间节点地区，该地区的开发要着重塑造城市标志性建筑，鼓励用地复合利用，形成多样性的城市环境和景观。高强度开发地区主要分布的区域为：沿城市快速路等交通干线的两侧、轨道交通站点及周边地区，放射状城市干道两侧用地、规划轨道交通沿线及城镇组团用地和核心区域。

此类地区以高层建筑为主的商业金融、商务办公、公共设施、商住混合区，在营造山地和谐景观的前提下，容积率上限控制为5，建筑密度为25%～30%，此类地区是以高层建筑为主建筑高度30～60m。建筑高度可根据容积率和建筑密度相应控制。

第二，中等强度开发地区。中心城区范围内的主要建设用地，除城市特定区域之外的一般地区，该地区是城市环境的重要组成部分，重点控制建设规模，强调环境建设，协调与生态环境的关系，塑造和谐的城市整体意象。

此类地区以小高层、多层为主的居住、公共服务设施、文化娱乐等用地功能区，容积率控制在1.5～2，建筑密度为30%～35%，建筑高度为20～30m。

第三，低强度开发地区。即靠近山体、重要水域的地区，且属于环境要求极高区域，为低开发强度地区（周昕，2008）。

此类地区以低层、多层为主的居住、旅游、休闲、文教、产业研发等用地功能区，容积率控制在0.9以下，建筑密度<35%，建筑高度在9～20m。

各强度管制区内的土地利用及建设还应符合机场净空区建筑高度控制、日照、绿地率、消防等国家及相关法律法规的要求。

此外，由于山地建设场地内道路比较曲折，存在较多挡墙、护坡，可根据具体项目建设情况，适当降低建筑密度。

5. 建筑高度间距控制

（1）建筑高度必须符合日照、建筑间距和消防等方面的要求。

（2）建筑间距必须符合消防、卫生、环保、工程管线和建筑保护等方面的要求。

（3）同时，建筑高度和间距的控制应符合城市总体规划有关规定。

6. 建筑物退让规定

建筑布置应当按照城镇开发边界内详细规划确定"四线"（即绿线、黄线、蓝线、紫线）规定进行退让。沿建筑基地边界和道路、河道两侧以及电力线路保护区范围内的建筑物，其退让距离除必须符合消防、防汛和交通安全、景观、环保等方面的规定外，应同时符合以下规定。

（1）建筑退道路红线。根据规划区道路的不同等级，规定建筑后退道路红线距离。

主干道：道路规划红线为40～50m，两侧高层建筑退道路红线15m，多层建筑及沿街商业后退道路红线8m；

次干道：道路规划红线为30m，两侧高层建筑退道路红线10m，多层建筑及沿街商业后退道路红线6m；

支路：道路红线12～24m，两侧高层建筑退道路红线8m，多层建筑及沿街商业后退道路红线4m。

（2）建筑退绿线。道路设有绿化带的，两侧高层建筑后退主干道道路绿带8m，后退次干道、支路道路绿带5m；多层建筑及沿街商业后退道路绿带不小于3m；

建筑后退主要湖滨绿带10m，后退其他水系滨河绿带5m。

（3）建筑退用地边界。多层建筑退用地红线不小于5m，小高层建筑退用地红线不小于8m。紧邻绿地广场一侧的小型商业建筑后退用地边界不小于3m。

三、用地结构

依据《城市用地分类与规划建设用地标准》（GB 50137—2011）中的要求，结合山地城镇土地开发特点，山地城镇建设用地中，居住用地、公共管理与公共服务设施用地、工业用地、道路与交通设施用地和绿地与广场用地五大类主要用地规划占城镇建设用地的比例宜采取如表 3-4 的标准。

表 3-4　山地城镇土地可持续利用规划的城镇建设用地结构　　（单位：%）

用地名称	占城镇建设用地比例
居住用地	25.0～40.0
公共管理与公共服务设施用地	5.0～8.0
工业用地	15.0～30.0
道路与交通设施用地	10.0～25.0
绿地与广场用地	10.0～15.0

　　建设项目地块规模。原则上应当按规划控制道路红线围合的街坊进行整体规划建设；对无法成街坊整体开发的用地，应当在同一街坊内整合周边可开发用地，统一开发建设。不能成街坊整体开发的商品住宅项目建设用地面积不得小于 $0.67hm^2$（净用地 10 亩）。非住宅项目建设地块面积不得小于 $0.20hm^2$，其中涉及高层建筑开发项目的建设地块面积不得小于 $0.30hm^2$。不能被整合，且地块面积小于 $0.20hm^2$ 或地块宽度（进深）小于 30m 的畸零建设用地，不得进行单独开发，原则上只能用于公共绿地、城市道路和公益性公共设施、市政设施等的建设。

四、详细规划（项目区）层面控制指标体系

　　从具体的指标上看，对于一个具体项目区的规划建设，有不同层级、不同领域、不同侧重点、不同深度的规划的要求，要最终明确项目区层面山地开发立体规划的要求，就应先把涉及项目区规划的相关规划控制指标进行梳理，得到具有可操作性的山地开发立体规划主要控制指标。

　　根据山地城镇土地立体开发的实际要求，在梳理相关规划职能及具体指标的基础上，兼顾控制山地城镇建设项目区层面指标的实用性和可操作性，设置山地城镇建设开发土地可持续利用规划的主要控制指标如表 3-5。

表 3-5　山地开发项目区层面土地可持续利用规划控制指标表

	规划控制要素	规定性指标	引导性指标
土地使用控制	建设用地空间增长边界	▲	
	土地使用兼容性		△
	人均建设用地指标	▲	
	城市用地结构		△
	建设项目地块规模	▲	
土地开发强度控制	容积率、建筑密度	▲	
建筑建造控制	建筑高度		△
	最小建筑退线		△
用地竖向控制	场地平整		△
	道路与交通用地组织		△
	立体绿化		△
生态环保基础设施用地控制	城市绿线控制	▲	
	公共绿地、绿化廊道、绿化开敞区等		△
	生活垃圾填埋场建设	▲	
居住区用地控制	居住区用地布局		△
	生态型小区规划要求		△

注：▲表示规定性指标；△表示引导性指标。

第六节　山地城镇土地集约利用

　　由于山地区域地形地貌、生态保护红线等限制，山地区域适宜开发建设的空间有限，山地开发土地利用率较低；另外，山地区域开发建设成本较高。所以，山地城镇要实现土地的可持续利用，充分发挥用地的综合效益，就要在土地的节约集约利用方面下比较大的功夫。

一、山地城镇土地集约利用的必然要求

1. 适宜建设的用地较少

山地区域建设的地形地貌等客观条件限制。

2. 单位面积建设用地开发建设成本高

从经济角度考虑，避免用地的粗放带来的资源的浪费。

3. 山地开发要求生态扰动较少

保留区域较多，可开发区域必然选择高集约度。

二、山地城镇开发的土地利用率

根据张洪等（2016）在《低丘缓坡山地开发土地利用效率与成本研究：以云南省为例》一书中的研究结论，山地城镇开发的土地利用率是普遍低于平原地区的。并且，不同类型（城镇建设项目、工业开发项目、旅游项目）的山地开发项目在土地利用率上有所差距，在土地利用结构方面也有所差别。

1. 土地利用率

由下表可以看出，四个项目类型的土地利用率随坡度上升呈下降趋势，其中综合项目类型的平均土地利用率低于工业项目、城镇项目、旅游项目（图 3-5）。

2. 各项目用地类型相对面积

通过对各个项目类型在各用地类型占地面积的统计分析，随着坡度的上升，城镇项目、旅游项目可建设开发有效占地面积比重不断减少，土地利用率呈现明显的下降趋势。总体来看，四个项目类型生态绿地建设占地面积随着坡度的上升不断增加。边坡建设占地面积在8°～15°、15°～25°比重最大。公共道路建设占地面积随着坡度的上升而有所增大，但坡度大于 25°由于道路施工难度大，道路建

设开发面积比重有所降低（图 3-6）。

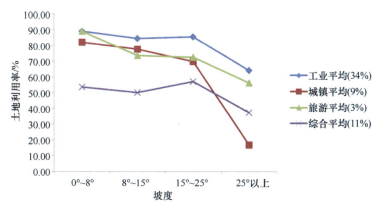

图 3-5　各项目类型平均土地利用率

资料来源：张洪等，2016

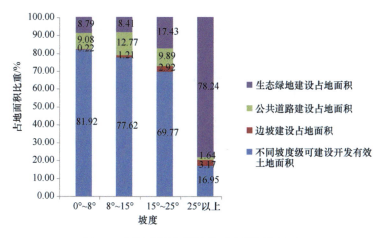

图 3-6　城镇项目各用地类型占地面积比重

资料来源：张洪等，2016

3. 各项目类型在不同坡度下的土地利用率

通过对不同类型项目中各用地类型占地面积的统计分析，随着坡度的上升，工业项目、综合项目可建设开发有效占地面积比重不断减少，土地利用率呈现明显的下降趋势。旅游项目、城镇项目由于要保存生态保留地，城镇要达到"城在林中"的效果，因此"城市上山"项目土地开发建设率低，同样，旅游讲求的是环境的生态服务价值，因此旅游项目在各坡度的土地利用率明显低于其他项目类型。四个项目类型生态绿地建设占地面积随着坡度的上升不断增加。公共道路建设占地面积总体随着坡度的上升呈下降趋势。但是由于项目类型对道路的要求不同，技术规范标准不同以及各项目类型道路施工难易程度不一致，导致道路建设开发面积在不同的项目类型的占地比重不同，呈现的规律不明显（表 3-6 和图 3-7）。

表 3-6　不同坡度下各项目类型土地利用率　　　　　　　　（单位：%）

项目类型	坡度			
坡度级（度）	0°～8°	8°～15°	15°～25°	>25°
工业	62.10	61.17	46.34	38.41
城镇	35.26	62.43	47.95	29.21
旅游	35.26	46.23	41.02	33.35
综合	57.94	55.73	50.62	41.82

资料来源：张洪等，2016。

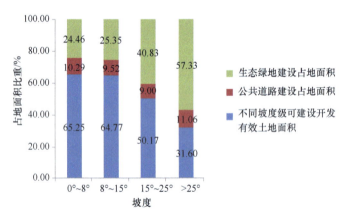

图 3-7　城镇项目各用地类型占地面积比重
资料来源：张洪等，2016

4. 城镇项目区土地利用率比较

城镇建设类型的项目典型项目区 9 个，控制性详细规划面积合计 3407.7hm^2。其中可利用土地面积合计 1542.36hm^2，占总规划面积的 45.26%；市政基础设施用地面积合计 397.3hm^2，占总规划面积的 11.66%；绿地广场及其他保留用地面积合计 1468.03hm^2，占总规划面积的 43.08%（图 3-8）。

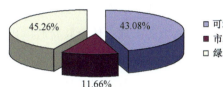

图 3-8　城镇建设项目区不同类型用地占比
资料来源：张洪等，2016

在可利用土地面积中，占比最大的为居住用地，合计面积 980.31hm^2，占可利用面积的 63.56%；在市政基础设施用地面积中，占比最大的为道路用地，合计面积 364.61hm^2，占市政基础设施用地面积的 91.77%；在绿地广场及其他面积中，占比最大的为水域、林地等保留用地，合计面积 933.63hm^2，占绿地广场及其他面积的 63.60%。

三、山地城镇土地集约利用的技术方法

（一）山地城镇土地可持续利用的集约用地方式

1. 组团式空间布局

结合山地城镇地形特征，根据城镇总体空间安排，将功能性质相近的地区相对集中布置成为组团，使其在空间上较为完整独立，组团之间有明确的空间分隔，并有便捷的联系，形成总体的山地城镇组团式空间结构，这样既可以使各个组团因地制宜发挥优势，实现差异化协调发展，同时组团内部可以集中配置完善的城市设施，促进集约发展，而组团之间的开敞空间还可以保护基本山水生态格局和生活环境（王国恩等，2008）。

2. 提倡公共交通

公共交通可以以较低的成本产生较高的交通效率，是一种集约化的交通模式，

节约土地成本和时间成本；同时降低了环境成本。提升山地城镇公共交通的综合效益，一方面要在对山地环境不造成过大干预的前提下，提升水平机动车道效率；另一方面，需提倡步行等其他公共交通模式，以降低对水平机动交通的依赖，尤其要发展对山区复杂地形有更强适应能力的山地立体公共交通模式。同时，要增强不同交通方式之间的联系与配合，从而以多样化且相互合作、取长补短的公共交通模式，构建综合性的、地域特色突出的山地城镇公共交通系统。

3. 提倡配套设施叠建

山地城镇配套设施用地以"功能复合、用地集约"为目标。除政府、学校、幼儿园、社区卫生服务站等单独占地外，其他公共配套设施应复合用地和多功能叠建，如文化站、图书室、就业培训中心、老年人日间照护机构等，可一幢楼分层使用；居民运动场、应急避难场所等与学校运动场所复合集约使用。此外，市内的公园在建设时除了具备景观、休憩、绿化等功用外，还可提供水源、洪水控制等功能，将土地价值充分发挥。在居住用地方面，宜布置一系列小尺度、多临街面的开放式社区，并利用山地形高差，结合空中连廊、退台等手段，将临街面竖向扩展，提供更多生产与销售空间，促进社区功能混合（陈力然，2014）。

4. 建立疏密有致的城市密度分区模式

科学制定土地开发的相关法规和政策，在提高城市密度的同时加强对土地利用强度的管控和引导，科学划定城市密度分区，合理调控城市密度分布。首先，结合密度梯度理论和山地城市密度分布空间分异的现实特征，依据建设用地统计和规划实施评估，展开对人均用地、平均容积率等控制指标的研究。其次，根据相关研究与分析，确立疏密有致的城市建设密度分区规划，逐步建立根据密度分区进行对土地开发强度的管控，使城市用地建设形成整体紧凑集约、土地功能完善、空间秩序良好、风貌特征鲜明的新局面（仝昕，2015）。

5. 结合地形进行立体开发

立体开发模式有助于利用最小的土地发挥出城市最大效能，起到节约土地资源的作用。而山地城市独特的地形特征提供了更多立体上的可能性，包括交通枢纽立体化、立体的交通转换设施、地下空间利用、承上启下的人行步道、建筑之间的立体衔接等。立体化开发意味着一部分地面功能向上转移，从而留出更多地面空间作为人群活动的开敞空间；结合地形的立体化连接为各个位于不同地形台地的结构要素取得更多联系，在结构网络中承担了重要的衔接作用。

6. 空间的复合利用

（1）建筑外表面空间的复合利用。

策略一：建筑外表面空间与步行空间、静态交通和机动交通空间结合。

在山地城镇中，通过对地形高差的合理利用，可以将公共建筑屋顶标高与城市道路标高对接，从而将屋顶空间融入城镇公共空间网络，为城镇提供额外的公共活动区域。若条件允许，还可以结合屋顶空间设置建筑出入口，使公共建筑与不同标高的城市道路发生联系，从而提升建筑的可达性。在地形起伏较大、缺乏平缓用地的山地小城镇中，建造在公共建筑屋顶上的城镇广场甚至成为公共空间节点的主要类型（图3-9）。

图 3-9　公共建筑屋顶作为城镇广场（巫山新城圣泉公园）
图片来源：新型城镇化绘就巫山美好图景，巫山报，2013 年 05 月 15 日

建筑外表面空间也可以与步行路径结合，比较典型的处理手法是对立面进行退台处理。这种方式不仅可以增强建筑立面的层次，还在建筑立面上创造了多层

次的观景平台，一定程度上提升了与退台空间相邻的建筑空间的商业价值，并形成了占天不占地的空中步行路径，有利于节约用地（图3-10）。

图 3-10　建筑立面空间与地形的结合（托莱多城堡）
图片来源：Sordo Madaleno Arquitectos 建筑事务所托莱多城堡设计方案

　　建筑外表面空间亦可能与静态交通空间或机动交通空间结合。在山地城镇中，通过利用地形高差可以将山地建筑屋顶标高与城市道路标高对接，建设集约化立体停车场。例如，重庆市渝中区棉花街立体停车场就充分利用了场地内部高差和周边地形，内部通过机械设备分隔为五层停车空间，上盖屋顶打造成为棉花街社区体育文化公园（图3-11）。

图 3-11　山地静态交通与空间利用
图片来源：重庆市渝中区棉花街立体停车场设计方案

策略二：建筑外表面空间与绿化空间相结合。

屋顶绿化不是城市绿化的主体，仅作为一种补充手段，单个建筑的屋顶能提供的绿化量非常有限，但如果同时运用在多个建筑上，则可以产生规模效应，因此若设计得当，其生态效益仍然是可观的。屋顶绿化不仅能改善城市生态环境，也能改善建筑自身的物理环境（图3-12）。

图 3-12　山地城镇成规模的屋顶绿化示意图

图片来源：https://huaban.com/pins/1532000871

（2）建筑内部空间的复合利用。

可通过恰当的处理方式让建筑内部空间参与城镇公共步行空间甚至机动交通空间的建构，实现建筑内部空间的复合利用。

通过将机动交通空间或步行空间与建筑内部空间局部结合的方式来节约用地。例如，将若干建筑底层局部架空、让机动车道或步行道穿越。山地小城镇在面临地形高差时，常常通过构建连续的室外梯道来联系不同标高的城镇空间。然而在某些坡度较大、高差悬殊的地段，可参考建筑内部竖向交通体的做法，构建公共垂直交通体（图3-13）。

（3）堡坎空间的综合利用。

堡坎空间是山地城镇特有的开敞空间。由于堡坎坡度大，难以利用，一般是纯粹的工程护坡。但由于山地城镇土地资源匮乏，为了充分挖掘每一寸用地的潜力，也常常对堡坎空间进行综合利用，主要包括堡坎与绿化的结合、堡坎与步行空间的结合。重庆市从 2020 年全面启动"坡坎崖绿化美化"示范点建设项目，城市核心区域的坡地堡坎"美丽蜕变"，成为广大民众休闲好去处、热门打卡地（图 3-14）。

图 3-13　重庆轨道交通二号线与建筑的结合

图 3-14　重庆跳蹬河堡坎空间的综合利用
图片来源：重庆晨报，2020 年 4 月 15 日

（二）山地城镇土地集约利用的案例借鉴

1. 重庆南坪中心交通枢纽工程

南坪中心交通枢纽工程作为住房和城乡建设部节能省地型建筑科技示范工

程，位于重庆市南岸区南坪工贸至南坪旧车交易市场间，由南坪南北下穿道、轻轨三号线和地下结构组成。该工程将整个工程在空间上进行合理的分区，以合理利用地下空间，达到节地的目的。该示范工程的立体结合了多种交通服务空间：地面是调整后的道路系统，设置有公交车站和出租车站；地下最下层是过境的机动车道，车道上设置了公交车站，并设置左转匝道与响水路相接；地上地下车道之间轻轨三号线穿插进入，设置了地下轻轨车站；其余地下空间设置地下步行系统、服务系统、商业用房。其功能区段划分如图 3-15 所示。

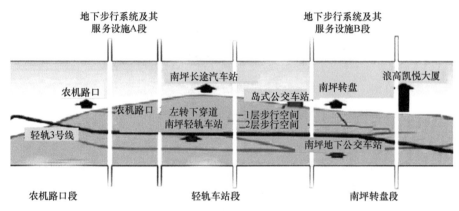

图 3-15　重庆南坪中心交通枢纽工程的功能区段划分

重庆市南坪交通枢纽工程将轻轨轨道和地面城市主干交通放入地下，并充分利用地下交通系统与地面之间的地下空间，充分体现了节约用地和合理利用地下空间，首先将城市公共交通、轻轨系统、商业街统一规划，立体利用地下空间，提高了城市用地的使用效率和土地的商业价值（李英民，2010）。因此，该项目在地下空间节地方面具有很重要的借鉴和参考价值。

2. 中国香港

中国香港是世界上人口最密集的城市之一，也是典型的山地城市。中国香港人地矛盾极为突出，造就了中国香港成为世界上高层与超高层建筑最集中的地区之一。中国香港有着土地高强度利用、建成区高楼林立和大量自然郊野公园共存的特殊城市景观。为了提高居住密度，缓解居住环境与土地需求之间的矛盾，采取高、中、低层相结合的方法，以提高居住密度，改进外部立体空间面貌。同时采取综合的建筑措施，设计退台式住宅等新的建筑形式和新的建筑组合与布局方法（图 3-16）。

图 3-16　中国香港红磡的高山剧场新翼对空间的利用
图片来源：吕元祥建筑师事务所项目设计方案

高密度的城市开发必然少不了良好的交通模式和完善的城市基础设施的支持。中国香港的策略是以公共交通为导向发展，围绕交通枢纽站进行社区建设。中国香港高效率的交通运输网络和运输体系，有效地配合了土地使用和日常运作，其公共运输体系承担了全港 90%的客运出行量。

当然，高密度开发也是有合理限度的。在中国香港，提倡低密度的业内人士的理想住区地积比率（容积率）一般为 5～6。中国香港的地下空间、近地空间、立体交通、立体广场、立体绿化共同作用，联成一体，成为城市公共生活密不可分的组成部分，所以基底不完全等同中国内地的密度指标的控制意义，常提及的建筑密度实际上是指开发密度，用"地积比率"即容积率来控制。从中国香港经验看，基础建设，社区设施和基本设施齐全，经过周密的城市设计，地积比率为 6.5 左右或以下的社区效果较为理想（许华华，2009）。

中国香港模式的真正意义在于：高效的交通体系支持下的分布式高密集城市，具有很低的土地开发率和很高的资源利用率。其中最重要的是土地高效利用，研究表明：城市人口越密集，该城市人均能源消耗就越小。高密度开发具有保护土地资源和降低能源消耗的双重意义。

第七节　山地城镇建设用地的竖向控制

一、山地城镇地块划分及场地平整

（一）地块的划分

在平原城镇规划中，地块划分的边界是由周边道路或不同性质的用地边界加以界定的，旨在确定地块用地的性质和权属。而在山地城镇中，地块划分的合理与否直接关系到土地强度的高低、人口密度的适宜和城镇形象好坏。由于其地势地形的复杂性，地块划分除了考虑道路和用地性质之外，还应更多地考虑山体、水体等自然边界线，尤其高差较大的地区等高线、防护坡和台地必不可少地成为地块划分考虑的重要因素。

根据土地价值理论和土地经济学理论，城镇中心区能够产生最大的经济活动，并具有最高的土地价值。在土地稀缺的山地城镇中，城镇的中心区土地价值往往高于其他地区数倍，因此土地的性质趋于混合化和复杂化，单纯运用统一的国家标准进行地块划分必定无法满足山地城镇的土地利用特点。

所以，在山地区域城镇建设中，地块划分首要考虑的因素是保证城镇安全，避让山体滑坡、塌陷、山洪等自然灾害，明确其防护边界在规划地形复杂、坡度变化突出的地区，地块划分是以相对平整的台地作为基准，兼顾防护坡的合理性和等高距的应用，同时汇入用地性质等多种要素共同来完成的，不应局限于地块形状的完整度和规模的一致性。

为了尽量减少土石方量，减少对山地地形形态的破坏，规划形成若干个台地，以利于整个规划区的用地划分和各地块的用地组织。在道路竖向设计中，具体的规划指标在《城市综合交通体系规划标准》GB/T 51328—2018 的基础上进行突破，如最大坡度在《城市综合交通体系规划标准》GB/T 51328—2018 的 8% 的基础上，可以参照重庆等山地城市，把最大坡度控制在 10% 以内。

（二）场地的平整

山地城镇地块坡差较大，场地竖向规划应采取平坡式和台地式相结合的方式。结合《城乡建设用地竖向规划规范》（CJJ83—2016），不同的用地性质对地块的坡度要求有明显的区别。地形坡度大的用地竖向上采取台地式，用地性质可以考虑布局居住类，建筑依势而建，既可以集约利用土地，又能减少对自然生态环境破坏。

（1）根据现状的高程点生成 DEM，进而对区域的高程、坡向、坡度进行分析，得出台地的划分及挖填方量。

（2）根据地形图和地质灾害评价资料和得出的坡向、坡度进行用地评价分析，得出非建设用地（生态基础服务设施用地），并对步行、用地及交通进行组织，进行用地布局的优化结果。

通过对（1）、（2）过程得出的结果进行调整及总结，对挖填方平衡和完整各系统功能进行综合权衡，确定台地系统、步行系统、绿地系统的布局方案（图 3-17）。

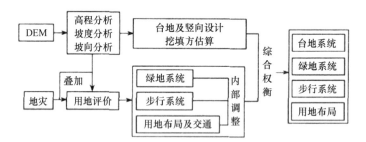

图 3-17　山地城镇用地布局及场地设计流程

（三）挡墙、护坡的修筑

山地型城市在城市建设过程中，人工边坡越来越多，规模越来越大，坡度越来越陡，致使边坡稳定问题日益突出。例如，中国香港大部分地区坡度为 1∶5～1∶3，而坡度高达 1∶2 的地区也不少，坡度低于 1∶5 的地区却不多。1957 年、1966 年、1972 年和 1976 年，切割和填塞边坡均有多起山崩发生，1972 年 6 月 18 日新九龙观唐秀茂坪有一个填塞斜坡，用花岗岩风化物做填塞料，坡度是 1∶1.5，当午间受到暴雨侵袭后，发生泥崩，接着扩展成泥流，把坡下的临时房屋区掩盖，活埋了71人。几乎与此同时，港岛半山区宝珊道一个切割斜坡，发生270m长和60m宽的滑坡，把整幢12层高的大厦推倒，还毁坏了另一幢大厦的一部分，使67人丧生。大量土木工程改变了地区的天然斜坡，使坡度变陡，在地下水、地表水和重力的联合作用下，也常发生崩塌和滑坡。

挡土墙因为具有节地、工程牢固等优点，成为目前应用最多的台地高差衔接方式，但过多的挡土墙易使城镇景观单调、缺乏生气。为改善城镇景观，首先应注重挡土墙的美化处理在条件许可的情况下，尽量采用多种方式，如"化整为零"——作退台处理，避免整面高壁的呆板；"化陡为缓"——将垂直式改作倾斜式，减少空间压迫感；"化直为曲"——设计曲线型截面，增强流畅感（图3-18）。

图3-18　昆明经开区洛羊、阿拉片区场地平整示意图[①]

1. 挡土墙分段设置

如果部分场地高差较大，按照常规，将是一座庞大的整体挡墙。若分成两个

---

① 彭良清，杨杰，崔美花，等. 2014. 山地城镇控制性详细规划中路网及场地竖向研究——以昆明经开区洛羊、阿拉片区约6600亩场地平整项目为例. 海口市城乡治理与规划改革——2014中国城市规划年会.

或三个层次设计，上下级之间设置错台，这样分层设置的小墙与整体设置的大墙相比，没有了视觉上庞大笨重、生硬呆板的感觉反而形成了高低错落的景致，而且大大减小了挡墙的断面。此间，应当注意每层挡墙的高度应该满足力学要求。错台上可以作绿化，既加固了墙身也改善了景观效果（图3-19）。

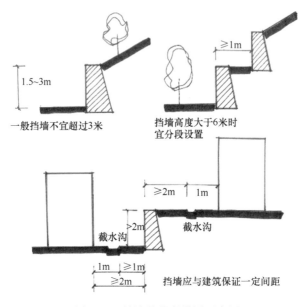

图 3-19 挡墙的分段设置示意图

2. 挡土墙与放坡结合

对于土质较好，高差不大的场地，可不设挡土墙而以斜坡台地处理，并以绿化作为过渡。对于高差较大或者用地紧张、放坡困难的场地，可以在其下部设置台式挡土墙，而上部仍以斜坡处理，空隙地可以进行绿化，既能加固土体又能美化环境、保护生态平衡，又能降低挡土墙高度，节省了工程费用，也增强了挡土墙的丰富性。

二、山地区域道路与交通用地

山体地形的特点，决定了城市的面貌不是平整的、平面的，而是立体的，具有多维度的城市特征。绿化不应该只按照原来寻常的状态而存在，该从二维的平面中突围，跟随多维度的城市特征，向多维度立体的绿化发展。尊重和服从山城小空间地势特点的多维度、层次错落的立体绿化能够改变整个城市绿化面积与建筑硬地面积的比例，它打破了传统的建筑、景观绿化的孤立关系的界面。

此外，山地城市的道路规划对建设造价具有很大影响。一方面，受到山地城市道路土石方工程与桥隧挡墙构筑物数量大的影响，工程需要投入较高的资金；另一方面，道路规划的合理与否对地块土地后续的整治成本高低产生了关键性影响。

在传统的地块开发建设过程中，过多强调道路为地块服务，忽视地块的高程应服从主要道路的高程控制。因此，山地城镇不可能像平原城镇一样进行网格式道路系统的布局，而更多地采取结合地形的分散组团式结构与灵活自由式道路组织系统。

竖向规划设计过程中，路网布局及竖向规划是核心，作为城市的骨架，重点应理清道路竖向与其他竖向的关系及控制方法。进行路网布局及道路竖向设计过程中需考虑周边地块的使用，两者相互联系和制约，片区路网及道路竖向设计是更大区域范围内协调控制的结果，同时地块对其四周的道路竖向起到制约和反馈作用。山地城镇路网不一定每条道路竖向方案都是最好，要求在充分结合地形、用地要求及片区防洪等基础上达到整个系统最优方案，追求整体效果最佳。

以公交为主导的土地利用模式是指沿公交走廊布置城市组团或片区，以公交站为中心，围绕布置公共广场及商业、服务设施，形成社区中心，外围布局居住及其他城市功能，使组团或片区内保证在自行车或步行范围内，组团或片区间能方便地使用公共交通。一般来说，该模式提倡在距交通站点 600m 内发展具有一定规模和密度且功能混合的综合片区（仝昕，2015）。渝中半岛特殊的地形条件要求其公共交通必须结合城市道路，采取立体复合的发展模式，将土地开发与公交体系紧密结合，实现重要公交站点周边用地功能的三维混合发展（图 3-20）。

图 3-20　渝中半岛牛角沱轻轨站与山地地形结合示意图
资料来源：仝昕，2015

　　山地城镇道路标高控制按照从高到低，低等级道路标高服从高等级道路标高方法进行竖向设计，并满足不同等级道路之间的交通转换需求。例如，昆明经济技术开发区洛羊、阿拉片区路网竖向设计内部道路最大纵坡 11.0%、最小纵坡 0.3%，交叉口范围最大纵坡控制在 4.0% 以内，公交站台处最大纵坡控制在 4.5% 以内如图（3-21）。

　　在各级城市中心区，围绕轨道交通节点为核心进行土地开发和人流引导，并利用交通枢纽的优势，将交通与商业功能充分结合，增强其辐射周边的能力，同时利用立体换乘枢纽的不同基面合理消化上下高差，加强不同台地之间的垂直衔接，发挥土地的最大功能价值。充分发挥城市交通枢纽的区位优势，在社区公交站周边集中布局社区商业、办公、娱乐等综合用地，并结合山地城市的竖向特征构建立体混合的功能组织方式和交通转换流线。在最低的交通负担下实现更高效的土地开发。这种三维的复合方式主要包括以下几点：一是经营性用地间的复合，表现为都市综合体的出现；二是经营性用地和公共设施用地间的复合，表现为越来越多的大型公共设施不再单独占地，而是结合经营性用地集中配置；三是公共设施各功能间的复合，并尽量将公共设施的布置与重要交通节点结合设置如图（3-22）。

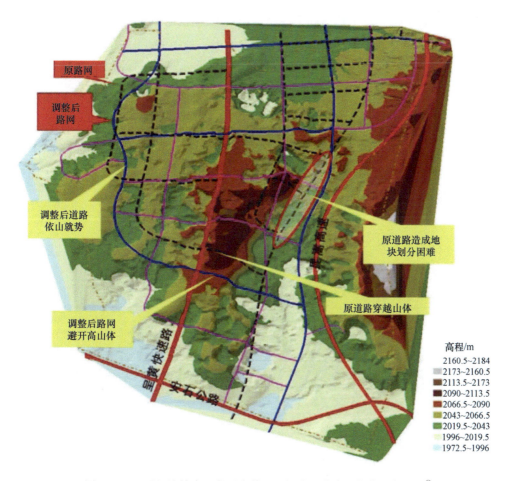

图 3-21　昆明经济技术开发区洛羊、阿拉片区道路网优化方案对比[①]

三、山地城镇的立体化开发

（一）山地城镇的立体化开发形式

　　土地立体化利用作如下界定：位于同一平面坐标的土地空间在地表、地上、地下分层进行不同形式的开发利用。从利用形式上看，国内城市的立体化利用形式呈现多样化的趋势。地上空间利用主要包括高压线走廊、立交桥、高架桥、空

---

　　① 彭良清，杨杰，崔美花. 山地城镇控制性详细规划中路网及场地竖向研究——以昆明经开区洛羊、阿拉片区约 6600 亩场地平整项目为例. 城乡治理与规划改革——2014 中国城市规划年会.

113

中步行连廊、骑楼、地上轨道高架线路、地铁上盖物业等；地下空间利用主要包括地下人防工程、地下步行通道、地下轨道交通、地下商业街、地下市政管线系统、地下停车场、地下交通枢纽等，以及地上、地表、地下综合开发利用的城市综合体。从利用特点上看，目前国内的城市地下空间利用深度以浅层和次浅层区域为主，即地下10~30m范围；地铁的建设对于地下空间的开发利用起着巨大的推动作用，受地铁带动，站点地区地下空间开发活跃。高层建筑、高架路、空中花园、人行隧道、地铁、屋面广场、建筑中庭和室内步行街等要素，在人们的生活经验中越来越普遍，城市空间有朝着立体化和复合化方向发展的趋势。

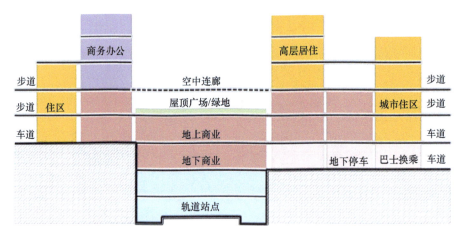

图3-22　交通站点的土地三维开发模式示意图

资料来源：仝昕，2015

从具体建设形式上看，进行两种垂直式利用扩展：一方面是有效利用城市地上的空间，建造高层建筑物，特别是规划临街、城市中心区位、核心地段高层建筑物实现公用设施、工业用地、绿化的立体化，构建城市立体生态空间；另一方面通过充分利用地下空间，规划发展地下停车场、地下交通网、地下商业及综合服务设施等措施来延伸土地容积率。立体化的城镇用地开发运用多向度穿插和层叠的手法来整合城市环境，能促进土地使用的集约化，实现分合得体、整体有序的目标。

（二）城市空间的竖向分区

建筑使用空间与城市公共空间或设施在垂直方向（剖面方向）上下叠置。空间层叠组织方法是城市空间立体化的一种表现形式。它与人们对城市垂直方向空间区位的集中利用密切相关。在传统城市中，城市人群活动大都集聚在地面范围。随着人们对空间资源的积极探索以及空间开发技术的日益提高，地面上、下部空间正在成为城市空间区位构成的重要组成元素，一般来说，垂直方向的区位构成从上至下可分为以下 9 个层次。

（1）超高层区（超出地面 100m 以上）　独立性较强，其功能以办公为主。

（2）高层区（地上 9 层以上，100m 以下），独立性较强，其功能以办公、居住、旅馆为主。

（3）中层区（地上 5～8 层），其功能以办公、商贸、居住、旅馆、商业为主。

（4）近地面区（地上 2～4 层），较强的公共性和开放性，其功能表现为地面功能的延伸。

（5）地面层，较强的公共性，在市区核心地段，其功能以商业、娱乐、社交、商务、办公、公共交通为主。

（6）地表层（地面以下 5m），其功能以市政设施、管线、停车场，有时也可作为地面功能的延伸。

（7）地下浅层区（地面以下 5～10m），其功能以零售、娱乐、停车和行人交通为主。

（8）地下中层区（地面以下 10～20m），较强的独立性、封闭性，其功能以地铁交通为主，兼零售。

（9）地下深层区（地面以下 20m），较强的独立性、封闭性，其功能以多层次地铁交通为主。

由此看来，山地城镇空间的垂直区位越是接近地面层，其空间性质越是趋向开放和密集，其区位价值越高，越适合发展城市公共空间。从空间设计角度来讲，其最重要的变革在于将传统集中于地面或近地面以公共性为主的功能元素、环境元素、空间特征及其设计方法向地面上下两极延伸和推展，从而实现城市地面的再造和增值。

四、山地城镇的立体绿化

（1）城市屋顶绿化及垂直绿化是充分利用不同城市立地条件，选择攀援植物及其他植物栽植并依附各种构筑物及其他空间结构的绿化方式，包括立交桥、建筑墙面、坡面、河道堤岸、屋顶、门庭、花架、棚架、阳台、廊、柱、栅栏、枯树及各种假山与建筑设施上的绿化。适用于 12 层以下、40m 高度以下的非坡顶新建、改建建筑物（含裙房）和竣工时间不超过 20 年、屋顶坡度小于 15° 的既有建筑屋顶。建筑物屋顶应能满足绿化对荷载、防水、防腐等功能的要求。

（2）与道路系统结合的绿地系统。受地势高差的影响，山地区域居住区的道路系统组织较为复杂，经常会遇到需要高架、悬挑的道路。这种道路建设方式往往会造成一些独特的空间场所，如高架道路的下部空间、滨河道路悬挑后形成的临水平台和下部空间、"之"字形坡道形成的边角区域（图 3-23）等，如果利用得当，这些空间往往能够创造令人意想不到的景观效果。

图 3-23　重庆渝中区对边角区域的公共空间绿化

图片来源：陈敏，2022 年 3 月 17 日. 重庆市渝中区，挖掘城市更新的山城密码. 中国城市规划学会公众号

（3）与地下停车场结合的绿地系统。地下停车场是山地区域居住区的主要停车方式之一。在用地紧张的山地区域居住区，为了节省地面面积，住区的停车场一般都置于地下，地上空间则设计成公共绿地或者开敞空间。通常地下车库一般结合组团绿地和小区中心绿地布置。首先，采用对公共空间"化整为零"的手法，着重鼓励大量的小空间而非单一的大空间，尽量提高公共空间在城市肌理中的"密度"而非规模。其次，要增强各公共空间之间的步行联系，利用建筑或步道等空间媒介，填补城市公共空间碎片之间的断裂，将相互独立或分散的局部空间重新连接成为一个连续的整体，增强彼此之间的互动和利用效益。

第八节　山地城镇生态环保基础设施用地规划

一、基于"反规划"的生态约束区域划定

"反规划"提出城市的建设规划必须以生态基础设施（EI）为依据，而不是建立在人口预测和市政基础设施之上（俞孔坚等，2008）生态基础设施优先的"反规划"理论强调生态基础设施的建立为区域生态系统服务功能的健康和安全提供了保障，因此成为城市建设过程中必须明确的"不建设"的刚性界限。

生态约束区划定的目标是维护国土生态系统的良性循环，以人类可持续发展为服务对象，推进区域自然过程和人文过程和谐统一。优先布设生态基础设施是保障国土生态屏障建设的基础和关键。

优先布设生态基础设施用地，遵循生态优先、以人为本的原则，是一种环境友好型土地利用新模式，有利于预防和减轻山地城镇土地开发利用可能造成的不良环境影响，维护山地生态系统的稳定性和完整性，是山地区域各类国土空间规划中应遵循的一个基本准则。

生态基础设施以城市绿化隔离带、禁建区等形式出现，第一个真正意义上的城市绿化隔离带出现在伦敦。1935 年大伦敦规划委员会就提出要"进行休闲空间和公共资源储备，建立一条开放的绿带空间"。1938 年英国议会通过了《绿带法案》，并在 1944 年环绕伦敦城建设了一条宽 5 英里（约 8km）的绿带。巴黎 1934

年也提出划定城市非建设用地区域来限定城市建设范围的规划对策，但在抑制蔓延的同时也阻碍了城市的合理发展。直到1965年巴黎开始重视发展、采用多中心及轴向发展模式后，巴黎地区议会在绿化管理处的提议下，对城市边缘地带确定了新的政策，计划在城市聚集区周围开辟一个名副其实的环形绿化隔离带；而完整的环形绿化隔离带规划一直到1987年才得到地区议会的通过和批准，涉及地区总面积为1187km^2。

德国鲁尔区也实施了积极的绿色廊道保护规划（图3-24），鲁尔区的人口将近600万，是德国最大的多中心都市地区，当地的区域性规划机构划定了一个由宽阔的绿色廊道组成的网络，以保护自然及半自然地带、农业地带和森林不被开发建设所蚕食。所有7条廊道都是南北向的，并由河流连接起来，同时这些绿色廊道把各主要城市分隔开来。荷兰的兰斯塔德地区则在一个广泛的城市区域中实施了"绿色心脏"计划。兰斯塔德地区是荷兰的数座城市自愿组成的一个区域城市联盟，总人口700万。在马蹄形的城市围合区域中心为兰斯塔德的"绿色心脏"，绿心地区形成以乡村为主的绿色开敞区，农业生产、休闲地带、动植物栖息系统等是其主要功能。兰斯塔德的"绿色心脏"既阻止了快速城市发展活动对绿地的蚕食，又促进了城市内部紧凑型的发展。美国的马里兰州在2001年制定了全州范围的绿图规划，不仅构建了由中心区和廊道组成的绿色基础设施网络，而且在评价生态重要性和开发风险性的基础上设定了保护优先权。

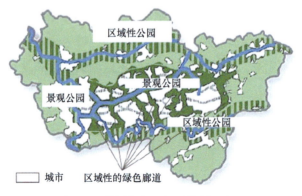

图 3-24　德国鲁尔区绿道控制示意图

资料来源：王学海，2013

在国内不同的城市，通过分区域的用地空间管制技术对建设区域进行精细化管理取得了良好的效果。

北京限建区规划对 16 大类 56 个限建要素 110 个要素图层建立数据库，通过综合叠加分析、限建分级，最终划定绝对禁建区、相对禁建区、严格限建区、一般限建区、适度建设区和适宜建设区六大建设限制分区，并提出相应的规划策略、法规依据、主管部门等，为北京城市空间发展提供了规划决策依据。北京划定限建区以相关法律法规、规划、自然条件分析为基础，使限建区的划定具有科学依据，为其他地区划定禁建区提供了很好的经验借鉴。

二、基于生态指向的城市空间发展模式

城市空间发展格局包含防洪安全格局、生物安全格局、乡土文化安全格局、游憩安全格局、视觉安全格局等五大安全格局，通过整合这些安全格局而形成整体的生态基础设施（EI），生态基础设施是维护土地生态的安全和健康、维护地域历史文化特征的关键性空间格局，是城市和居民获得持续的自然服务（生态服务）的基本保障，是城市扩张和土地开发利用不可触犯的刚性限制。

以昆明为例，在基于昆明城市用地适宜性分析的基础上考虑城镇发展因素，例如已经存在的城市发展规划、旅游规划、保护区规划等条件下，通过对生态敏感地区的发展限制等策略，来引导区域发展。以自然地形分隔所形成的地理单元作为城市发展单元，城市空间沿拱王山系与梁王山系之间的谷地南北轴向展开，组团轴线沿昆曲高速公路、昆玉高速公路延伸；城市组团与生态资源保护区间隔分布、平行发展，形成开放的区域空间发展模式。

从市域生态空间格局分析，采取沿轴带状、多组团的空间发展模式将有利于昆明城市空间发展与自然空间相契合，符合"宜居"城市的功能要求，充分体现昆明城市空间形态的自然特色和地域性。

从昆明自然生态环境出发，充分利用其得天独厚的"三面环山，一面临水"的自然风貌特色，塑造中心城外围的绿色生态空间，同时以水道、绿道组成的绿色廊道为纽带，与城区的公园、游园、专用绿地等绿地斑块串联起来，共同构成

"生态基质–绿色廊道–绿地斑块"的绿地系统结构，为形成合理的城市发展框架提供生态依据。

三、山地区域生态基础设施布局

（一）生态基础设施布局的原则

1. 贯彻"生态优先"的规划思想，坚持绿地建设的延续性原则

结合山地城镇在区域生态基础设施系统规划的指引下，逐步完善城市绿地系统，达到提高城市整体绿化水平和综合生态效益的最终目标。

2. 坚持绿地分布均匀性原则，健全公园绿地系统，满足居民康体娱乐需求

在山地城镇的主城区采用"见缝插绿"的绿化模式，从居民的需求出发，根据可达服务半径分级均衡建设各类绿地，改善从市区到达郊区大型绿地的交通和步行条件，增强绿地的可达性，真正达到"让居者享其乐"的效果，为市民创造更多、更方便的游憩场所和生活环境。

新区绿地建设中，考虑城市未来的拓展方向和模式，应高起点、高标准、高水平地建设城市绿地系统，形成生态空间网络。规划多层次、多类型、平面与立体结合的绿地，合理布局各类城市绿地，发挥各类绿地的生态功能、生产功能、景观功能、游憩功能、娱乐功能、保健功能、防护功能、防灾功能等。

3. 坚持园林绿化和历史文化名城相结合，创造地方特色的原则

功能与景观相结合将使城市自然状况不断改善，通过园林绿地建设与历史文化要素相结合，形成城市特有的绿地景观；弘扬地方文化，改良城市自然景观和人文景观，为人们提供更丰富多彩、更好的生活环境。

4. 因地制宜，合理利用土地资源

应利用自然地形地貌及植被资源，绿地建设尽可能与山地、湿地、非耕地、河岸、湖池结合，挖掘潜力，开拓空间，发挥绿地的多重效益。

（二）生态基础设施体系

1. 生态基质

自然生态系统的重要因素是"山、水"，生态基础设施建设就是要立足于良好的生态基质，构筑城镇宏观的绿色生态背景（包括河流水系、滨水地区、山地土丘、生物栖息地等）。

在城镇中心区的公园、水系及中心城外围的森林、湿地、果园等形式的生态基质，既保持系统的完整性，又可环绕城区保护中心片区的生态绿化环境，引导城市环境与郊区的半自然生态环境共生。

2. 绿色廊道

联系相对孤立的绿地斑块之间的线性结构称为廊道。中心城绿色廊道由以河流绿带为主体的水道和以道路绿化为主体的绿道组成，形成网状的绿色走廊，联系散布的块状公园和自然山体、河道，共同形成城市绿色网络。

绿道以建设包括中心城区的环城路、主要干道以及联系各功能组团的快速道路、过境公路、铁路等的绿化系统为主，布置绿化分隔带、行道树和路侧绿带，由其形成的绿色廊道将成为联系各绿地斑块的主要通道。

3. 绿地斑块

根据服务等级、服务半径，形成遍布山地城镇的内小外大、内密外疏的绿地斑块系统。中心城绿地斑块系统包括城郊风景公园、市级公园、片区级公园及五分钟生活圈居住区级公园、街头绿地广场、小游园，共同构成"珠落玉盘"的格局。绿地斑块系统与绿色廊道系统相结合，形成"线上缀珠"的绿色空间体系。

（三）山地城镇生态环保基础设施用地类型及建设规模

无论是城市更新还是新区开发，都要留有园林建设或绿化建设的必要空地。土地出让要有控制和使用规划，一切建设必须按国土空间规划进行。在城市建设过程中，注意实现低水平能量消耗，使用可更新能源、地方能源产品和资源再利用技术，使用适当的材料和空间形式，为人们创造安全，健康的居住、工作和游憩空间。

1. 城市中心绿地

在《城市绿地分类标准》CJJ/T85—2017 中对城市中心绿地的规模和尺度作出了规定，如：建议城市综合公园规模下限为 10hm²，但考虑到某些山地城市由于受用地条件限制，城区中布局大于 10hm² 的公园绿地难度较大，为了保证综合公园的均好性，可结合实际条件将综合公园面积下限降至 10hm²；社区公园规模宜大于 1hm²；带状游园的宽度宜大于 12m。另外也有学者提出了更详细的绿地服务半径的标准，如表 3-7、表 3-8。

表 3-7　绿地服务半径标准参考

公园类型	主要服务对象	适宜规模/hm²	服务半径/m
综合公园	城市居民	≥50	4000
		20～50	3000
		10～20	2000
社区公园	居住区居民	3～10	200
		1～3	800
游园	居住小区居民	0.5～1	500
	居住小区老人和儿童	0.1～0.5	300

资料来源：叶伸，2020。

表 3-8　公园绿地种类及规划内容

种类			内容
基干公园	住区基干公园	街区公园	主要供街区居住者利用，服务半径 250m，标准面积 0.25hm²
		近邻公园	主要供邻里单位内居住者利用，服务半径 500m，标准面积 2hm²
		地区公园	主要供徒步圈内居住者利用，服务半径 1km，标准面积 4hm²
	都市基干公园	综合公园	主要功能为满足城市居民综合利用的需要，标准面积 10～50hm²
		运动公园	主要功能为向城市居民提供体育运动场所，标准面积 15～75hm²
特殊公园			风致公园、动植物公园、历史公园、墓园
大规模公园	广域公园		主要功能为满足跨行政区的休闲需要，标准面积 50hm² 以上
	休闲都市		以满足大城市和都市圈内的休闲需要为目的，根据城市规划，以自然环境良好的地域为主体，包括核心性大公园和各种休闲设施的地域综合体。标准面积 1000hm² 以上

续表

种类	内容
国营公园	服务半径超过县一级行政区、由国家设置的大规模公园。标准面积 300hm² 以上
缓冲绿地	主要功能为防止环境公害和自然灾害和减少灾害损失，一般设置在公害、灾害的发生地和居住用地、商业用地之间的必要隔离处
都市绿地	主要功能为保护和改善城市自然环境，形成良好的城市景观。标准面积 0.1hm² 以上，城市中心区不低于 0.05hm²
都市林	以动植物生存地保护为目的的都市公园
绿道	主要功能为确保避难道路、保护城市生活安全。以连接邻里单位的林带和非机动车道为主体。标准宽幅为 10～20m
广场公园	主要功能为改善景观、为周围设施利用者提供休息场所

资料来源：陈刚，1996。

英国用绿地可达性概念来代替绿地服务半径，并规定了相应的绿地可达性标准：300m 之内至少有一个 2hm² 的绿地；2km 之内至少有一个 20hm² 的绿地；5km 之内至少有一个 100hm² 的绿地；10km 之内至少有一个 500hm² 的绿地。另外，绿地服务半径还可以根据对居民的吸引力的大小再细分为多个区间，如日本有研究表明，儿童公园的吸引圈可分为三个距离段，分别是 100～150m、150～200m 和 200～250m。

2. 多功能基本农田

多功能基本农田的定义为：以保障未来一定时期大城市土地资源可持续利用为目标，按照城市发展所需要的生态用地需求，城市建设用地隔离和应急农产品需求，依据国土空间规划，从数量和空间上认定的长期不得占用的或基本农田保护规划期内不得占用的农用地。

第一，基本农田生态功能。生态系统服务功能，是指自然生态系统及其物种所提供的能够满足和维持人类生活需求的条件和过程，它在为人类提供物质资料的同时，还创造和支持了地球生命支持系统，形成了人类生存所必需的环境条件。城市提供生态系统服务功能的用地类型主要包括林地、水体、湿地、农田、人工绿地等。基本农田生态功能，是指把生态重要程度较高的土地资源所在的区域划入基本农田保护区，从而使区域内农地与其他生态用地共同起到维持城市生态环境的作用，包括两层含义：一是基本农田保护区内的农用地所具有的生态服务功能；二是基本农田保护区内，因农用地的特殊保护而得以持续存在的其他生态系统（如山体、水面等）的生态服务功能（代兵，2010）。

第二，基本农田隔离功能隔离，是指使之分开不能相互影响。在景观生态学中，景观隔离带是指为维护良好的城市生态环境，防止城市建设用地无序蔓延，根据城市建设发展的特征，而在建设组团之间设立的隔离用地隔离带用地类型为非城市建设用地，主要包括各种保护区、林地、公园等基本农田隔离功能，是指通过在城市建设用地组团（基础设施用地、城镇用地、工矿用地）周围划定基本农田保护区，从而使基本农田具有隔离和控制城市建设用地无序蔓延的作用。

第九节　山地居住区用地规划设计

一、山地居住区的特点

（1）因地制宜、依山就势。相比平地而言，因地制宜的原则对于山地建设显得更加重要，关乎工程的经济性和山体的生态保护，因此山地居住区需要依山就势的建设。小区的特色就在巧妙地借助山势的变化上。

（2）节地的总体布局。在同样的高度和日照标准下，山地居住区住宅之间的间距比平地住宅之间的小。因此可以布置更多的住宅，可以最大化地利用山地的自然高差。同样的原理，不难发现山地的小气候比平地的更加有利于住宅的灵活布置，这些独特因素都有利于节地节能。

（3）灵活的道路线形。作为骨架，居住区的道路需要人性、便捷、美观的建设。相比平地的居住区道路，山地居住区的道路受地势的限制较大，主要体现在道路的走向需要同时考虑住宅的进出、山地的边坡保护以及道路的合理纵坡。相反，可以把限制变为特色，设计中借助和发挥地势的特点，道路线形可以更加灵活，小区曲线形的道路网合理又自然。

（4）丰富的景观层次。一个成功的居住区离不开优美的景观环境，而居者热爱自然的丰富变化，不需要呆板的生硬的所谓打造。相比，从景观资源的意义出发，山地具有和滨河一样的优势。设计师能够借助自然地势的变化，从住宅入口的小坡地到组团绿地再到小区中心绿地都能够具有丰富的高低变化，都能够巧妙地划分出"积极"空间，而不需要更多的人工手段。

（5）立体的竖向变化。一项工程的竖向设计直接关系着经济造价，也直接参与土石方的合理填挖。自然的连续高差变化是山地建设基地的独特优势所在。结合道路选线和建筑布局，山地工程的竖向设计应该首先避免破坏山体的大开挖，另外需要整体性的平衡，综合经济性和美观性的各因素的考虑。合理的竖向规划可以为小区带来立体的竖向变化，从而使居者更容易感受到大小空间的开合和方位的辨识。

二、山地居住区的规划设计

（一）山地居住区规划设计的一般原则

（1）符合国土空间规划的要求；

（2）符合统一规划、合理布局、因地制宜、综合开发、配套建设的原则；

（3）综合考虑所在城市的性质、气候、民族、习俗和传统风貌等地方特点和规划用地周围的环境条件，充分利用规划用地内有保留价值的河湖水域、地形地物、植被、道路、建筑物与构筑物等，并将其纳入规划；

（4）适应居民的活动规律，倡导职住平衡的山坡土地立体利用模式，如图（3-25）综合考虑日照、采光、通风、防灾、配建设施及管理要求，创造方便、舒适、安全、优美的居住生活环境；

（5）为老年人、残疾人的生活和社会活动提供条件；

（6）为工业化生产、机械化施工和建筑群体、空间环境多样化创造条件；

（7）为商品化经营、社会化管理及分期实施创造条件；

（8）充分考虑社会、经济和环境三方面的综合效益。

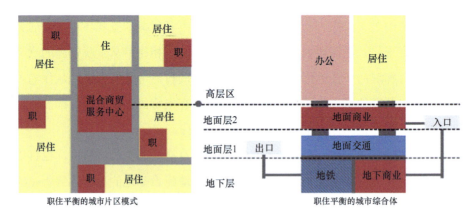

图 3-25　职住平衡的山地土地立体利用模式

资料来源：仝昕，2015

（二）山地居住区规划空间布局

（1）山地住宅要满足住宅日照、通风、密度、朝向、间距、降噪等方面的要求。

（2）山地住宅规划要因地制宜，最大限度地保留原生态系统，让建筑与自然和谐地融合。

（3）根据山地住宅的类型（别墅、花园洋房、多层、高层等）来确定小区的空间形态。错落布置，创造层次与变化，融为一体。

（4）山地住宅小区规划布局时，须注意到当地的地质结构与水文特征，尽量避开地质薄弱、滑坡等地带。

（5）山地住宅小区以居住为主体，公共服务设施尤其是体育、休闲、娱乐场地，既要适当靠近居住区域，方便居民使用；也要防止对住宅的干扰。

（6）小区入口设计可以考虑对景观的设置，创造开放和优雅的入口形象。坚持显山露水、依山就势、错落有致的原则。

（三）山地居住区节约集约利用的技术方法

1. 宏观层面

（1）多样化的平面布局形式以适应地形变化。山地住区的平面布局应以"大分散、小集中"为总的原则，综合运用点状布局里的行列式、围合式和散点式，以及线状布局里的直线型和折线型，使得住宅布局能够适应复杂地形的变化，达到土地利用率的最大化。

（2）缩小住宅的日照间距。坡度、坡向、高差等山地的特征元素对于缩小住宅的日照间距有显著效果，如南向坡地住宅的间距比相同日照条件下的平原住宅间距小。

（3）适当加大住区的建筑密度和容积率。与新加坡等山地城市相比，我国山地城市住区的建筑密度和容积率普遍偏低，还有较大的提升空间。在确定地块开发强度指标时，从节约用地的角度出发，在保证居住质量的前提下，适当提高住区的建筑密度和容积率指标。

（4）开发利用山地住区的地下空间。目前我国的地下空间利用远不如发达国家，住区地下空间的开发利用还有广阔的前景，除了可以修建地下停车场外，还可以用于建设地下住宅、地下公共服务设施等。

（5）北向坡地利用。北向坡地住宅需要解决的主要问题是住宅的日照采光问题，解决北向坡地住宅的采光问题，可以有两种构想：第一，利用相邻两栋住宅的墙面反光为其中一栋的北向住宅提供光源，即住宅北向进光；第二，通过调整北向住宅与等高线的夹角来使住宅获得较好的朝向。

（6）道路交通组织。山地住区的道路交通组织有其独特之处，如利用山地的地势高差，组织立体化的人行和车行网络，将人行和车行流线在空间上重合，山地住区的路网结构应采取以"人车混行"的方式为主，只在少数地段，如集中公共绿地采用人车分行的模式；而且在采用人车分行时，做到往立体方向发展，尽量少占地面面积，提高地面的空间利用效率；适当降低车行道路路网密度，鼓励步行交通；发展地下、地面等多元化的停车系统，设计时要充分利用地势高差，做好地下停车；充分发挥边角余地的价值，或将不适合做住宅的背阳坡地做成停车场，提高土地利用率，减少道路和停车场地的占地面积。

2. 微观层面（住宅单体设计）

（1）提倡中小户型的消费观念并优化其设计：第一，要转变消费观念，摒弃盲目求大的住房消费观念，提倡中小户型住宅。这是从长远出发，引导住宅产业健康、可持续发展的根本途径。第二，在中小户型设计上做到精细化和实用化，最大限度地利用住宅内部空间，提高其使用效率：精心组合内部功能空间、合理安排人行流线；合理分配各功能空间的面积；减少内部分隔构件面积，增加使用面积；充分挖掘储藏空间。

（2）降低住宅层高和增加住宅层数。降低层高可以使住宅建筑的整体高度降低，有利于缩小日照间距，进而提高地块内的建筑密度和容积率，住宅层高的降低不仅是对三维空间的集约型利用，也从经济上节约了住宅建设的成本。国外部分国家对住宅净高的规定和层高与住宅用地的关系分别见表 3-9 和表 3-10。

表 3-9　国外部分国家对住宅净高的规定　　　　　　　（单位：m）

国家	标准层净高	备注
比利时	2.3/2.5	
丹麦	2.8	此为层高
芬兰	2.5	
法国	2.5	
冰岛	2.43	
卢森堡	2.5	
荷兰	2.5	
挪威	2.35	
瑞典	2.5	此为多户型
	2.4	此为独户型
英国	2.28/2.4	
意大利	2.8	
葡萄牙	2.8	
土耳其	2.65	此为多户型
	2.4	此为独户型

资料来源：聂兰生，2004。

表 3-10　层高与住宅用地的关系　　　　　　　　（单位：m）

层高	楼高	间距	地深	户均用地
2.8	18.45	20.3	30.9	27.29
2.7	17.85	19.63	30.24	26.71
2.65	17.55	19.31	29.91	26.42
2.6	17.25	18.98	29.58	26.12
2.55	16.95	18.65	29.25	25.83
2.5	16.65	18.32	28.92	25.54
2.45	16.35	17.98	28.58	25.25
2.4	16.05	17.65	28.25	24.96

资料来源：武丽晶，2008。

住宅层数方面。实际上，随着层数的增加，住宅的整体高度也在增加；在日照间距系数一定的情况下，住宅间距也会增大，住宅基地占地面积的比重也相应降低，从而导致住宅的建筑密度降低，容积率增加也趋于稳定，节地的幅度将逐渐趋于稳定。在实际运用中，应结合具体情况进行分析，选择合理的住宅层数，以达到节地并有利于居住的目的。住宅典型单元的层数与基本用地、户均用地、容积率、空地率比较见表3-11。

表 3-11　住宅典型单元的层数与基本用地、户均用地、容积率、空地率比较

层数	4层	5层	6层	7层	8层	9层	10层	11层	15层	18层	25层
基本用地/m²	1735	2035	2310	2597	2885	3172	3768	4081	5333	6272	8463
户均用地/m²	72.3	67.8	64.2	61.8	60.1	58.7	62.8	61.8	59.2	58.1	56.4
容积率	1.33	1.42	1.50	1.55	1.60	1.63	1.53	1.55	1.62	1.65	1.70
空地率/%	66.8	71.7	75.1	77.8	80.0	81.8	84.7	85.9	89.1	90.8	93.1

资料来源：武丽晶，2008。

（3）缩小住宅面宽并加大住宅进深。

（4）利用山地住宅独特的接地方式来提高住宅对山地地形的使用能力。采用丰富多样的山地住宅的接地方式，如提高勒脚法、筑台法、错层法、掉层法、跌

落法、错叠法、悬挑法、吊脚及架空法、附崖法等，可以大大提高住宅的对山地地形的适应能力，将一些不宜建设的用地变为可建设用地，有效提高了土地的利用率。

（四）山地居住区的住宅建筑

山地住宅小区的建筑设计要通过对地块山形地貌的理解，找到最有效的构思方案。例如，建筑沿等高线随山体布局，形成了收放自如、起伏跌宕的局面；再如，根据不同坡向和地形高差及台基面积建造不同类型的建筑，使每幢建筑顺应山势，与坡地交错；这样一方面丰富了住宅的场所，同时也避免了对自然山体的破坏。增强住宅设计的创新观念：既要满足居住功能多元化的需求，因为住宅不但是一个生存空间，同时也是发展空间、享受空间；又要有超前性和弹性，应在必要时可对室内布局、分隔灵活调整。

在住宅建筑的造型上，采用层级嵌套的处理方式，以层次多样性为主，加强细部的设计，注重细部与整体在信息表达上的一致性。在住宅建筑的底层，采用一些建筑装饰元素，增加居住建筑造型的复杂多样性，增强当代居住建筑与传统民居建筑过渡的圆滑性，增强住宅底部空间的丰富性。同时又满足居民对传统民居建筑的怀念愿望，增强居民对住宅底部空间的使用率。

（五）山地居住区的交通组织

布置道路系统应结合基地自身的自然条件，建立布局合理、线形灵活，等级明确的道路网结构体系。规划中要顺应原有地形地势的起伏变化，依山就势布置道路系统。自然地形对道路有很大影响，在地形起伏较大的丘陵地区或山区，道路选线常受地形、地貌、工程技术经济等条件的限制，有时候不得不在地面上要作较大的改变，纵坡也要作适当的调整。山地道路如果片面强调平、直，就会增加土方工程量而造成浪费。因此，在确定道路走向和宽度时，在满足交通、消防环道的坡度、宽度及转弯半径等方面要求的基础上，要善于结合地形，尽量减少土方工程量，节约用地和道路基建费用。

山地居住区道路弯曲度、坡度较大。由于地形的自然坡度大，变化复杂，山地居住区的道路可不似平原地区那样平直，否则将增大工程量，增加投资。其最小半径不小于 15m，最大纵坡不大于 8%～10%，特殊情况下可达 11%，并控制其坡长。若有大量自行车和非机动车通行时，其纵坡不宜大于 4%，同时要求坡道不宜过长，道路宽度不宜过大，也不宜强求一律，应结合地形条件，因地制宜，灵活处理。在只能设单车道的车道上，应在适当位置加宽路面 2.0～2.5m，供来往车辆错车之用。

道路交通系统一般包括两方面的内容，车型交通系统和人行交通系统。以上讨论的是车行道路交通系统的问题，而山地住区的人行道路系统由于受地形制约较少，所以表现出较强的灵活性，所以车行和人行交通系统一般可以分开设置，道路断面多为公路型。由于山地自然坡度较大，车辆要靠延展线路的办法，才能提高速度，这将使人行交通极为不便，为此可采用另设人行梯道的办法来解决。踏步街（包括阶梯、平台组合）的设置是最富山地特色的步行组织方式，体现了对地形的有机适应，使居住区空间更立体、更多层次，既满足人行的便捷要求，又使空间具有流动性，可形成变化丰富的视觉景观体验，为人们的驻足、休息、交往活动提供场所。交通道路要以方便居民出入、满足消防需要、减少对住户的干扰为原则进行布置。

（六）山地居住区的绿化与生态景观设计

充分利用原始山地地貌，结合公共建筑布局，通过点状绿化、道路绿化与中心绿地等，形成点、线、面、体交织的网络状绿化体系。结合挡土墙、土坡、屋顶花园等，创造出生动的三维立体绿化空间。三维绿化空间的绿化总面积扩大了，可解决建筑用地与绿化用地之间的矛盾，从而营造更好的建筑小环境。在路旁绿化处理手法上，应注意绿化与道路交通系统的联系，达到完整绿化系统与道路交通系统的完整统一；在宅旁绿化处理手法上，绿化配置应根据住宅建筑的造型以及立面造型上作相应的改变，以保证绿化系统与住宅建筑系统的空间层次的相互协调。

山地住宅小区的生态景观设计应该做到景观先行、人工与自然和谐。将景观元素辐射到各个住宅组团中，让各家各户享受到最好的景观。景观组织方式与处理手法：结合建筑的布局组织景，并可设置景观节点；合理设置视觉通廊；发展立体绿化，营造空中景观；水体设计中，要保护湿地，让居民容易近水亲水；打造独特的宅旁景观、环境节点。

三、山地居住区用地指标的案例借鉴与建议

（一）案例借鉴

安徽省霍山县佛子岭镇西侧小区，背对山体，基地背山面水，项目用地总面积约127500m^2，南北向展开，边界呈不规则形状，用地整体呈西高东低，南低北高之势，最大高差约15m。项目规划设计考虑分期开发建设，按照要求设计了多层和底层住宅、商业配套，以及街头公园等，是一个总人口约3000人的综合性社区。项目的容积率0.97，绿地率43.4%，设计一贯遵循着保护山体和水体的原则。

郴州青园住宅小区位于郴州市伍岭板块七里大道旁，总占地面积9.709337万m^2，容积率2.4，总建筑面积29.6578548万m^2，总户数1602户，停车位1451个，建筑密度12.15%，绿地率61.85%。设计中依据山地地形随着空间形态自然营造出拾级而上的社区主入口，居住区尊重自然，退让240m山体平台，留出260m自然生态山地绿肺，给居住区呼吸的空间。

广州市林海山庄南依山体，建设用地面积为94256m^2，其中，净用地面积为84285m^2，净容积率为2.1。地块呈东西狭长的不规则形，原始地形大部分为山体，地势起伏较大，高差变化复杂。

贵阳金源世纪城项目规划区内以浅丘地形为主，地形高差起伏大，竖向高差约为120.5m。住区的总建筑面积达到547万m^2，其中，住宅建筑面积为487万m^2，整个住区的平均净容积率为2.1，局部地段达到了4.08，建筑净密度（未计入道路和林地）为16.1%。

咸丰县城中部某居住区规划用地中心基地整体呈环形，地形中间有一个自然山体，所以地形中间高，向四周逐渐降低，周边环形居住用地整体东南低西北高，自然山体最高点标高 776m，居住用地与山体相接处高程 755m，从山体边缘到用地边缘平均高差达到 15m 以上。该规划区总体以居住为主，配套相应服务设施，居住用地地块总面积为 69962.74m²，容积率 1.8，绿地率 30%，建筑密度 35%（于哲，2020）。

攀枝花恒大项目基地以坡地为主，西、南、东三面高，北面低，形成一个朝北的谷地。整体规划总容积率为 2.54，住宅容积率为 2.34，总建筑密度为 16.14%，总绿地率为 30%。

由以上案例可以看出，山地区域的容积率、建筑密度和绿地率都是比较高的，这可能是由于坡度的存在，建筑间距变小，可以在相同的用地面积内布置更多的住宅建筑，使得坡地比平地可以多布置建筑，从而增加了用地的利用率。然而并不是所有的坡地都适合大规模的开发；要根据其地形特点、坡度坡向来确定其用地性质，建筑布局，避免无法利用的灰色用地。

（二）山地居住区用地指标的参考值

1. 容积率

根据不同坡度的容积率变化给出参考值，见表 3-12。

表 3-12　不同地形坡度对容积率影响数值变化参考表

坡向	地形坡度			
	0%～10%	10%～15%	15%～20%	20%～25%
南坡	0.1	0.2	0.3	0.2
北坡	−0.1～0.2	−0.2～0.1	−0.3～0	—

南坡当地形坡度为 0%～10% 时，可适当将容积率提高 0.1，同理，10%～15%、15%～20%、20%～25% 分别提高 0.2、0.3 和 0.2。北坡，根据坡向分析，当坡向达到一定值时可以适当提高容积率，当坡度过大时，坡向的变化对容积率所起的

作用很小，可以忽略不计。

2. 建筑密度

随着坡度及坡向偏转角度的增加，在南坡建筑密度逐渐增大，在北坡则逐渐减小。但同样的建筑密度，如果地形坡度不同则会形成截然不同的空间环境。由于地形的升高，原本受挤压的建筑空间可能变得开阔，因而紧密的建筑空间可以变得开敞舒适。因此，在满足空间及环境质量要求的前提下，对于存在坡度的地形可以适当提高建筑密度的最大值，从而更加节约用地（表3-13）。

表3-13 不同地形坡度对建筑密度影响数值变化参考表

坡向	地形坡度			
	0%~10%	10%~15%	15%~20%	20%~25%
南坡	3%	5%	7%	5%
北坡	−1%~3%	−1%	−3%	—

同时，引入建筑空间密度的概念，同建筑密度共同完成建筑用地控制。

3. 绿地率

（1）过去对住区绿地的设计不够重视，造成绿地的实际使用效率低，住区设计将绿地质量考虑进来，同时要控制绿地在住区规划中的比例，探讨适于住区节地又提高绿地质量的方式。

（2）充分利用坡地条件，发展立体绿化。

（3）坡地绿地率指标参考值（表3-14）。

表3-14 不同坡度绿地率指标

指标	地形坡度					
	0%	5%	10%	15%	20%	25%
建筑间距/m	30	27.7	25.8	24.3	22.9	21.9
绿地率/%	35	32.3	30.1	28.4	26.7	25.6

当平地绿地率满足 35%时，坡地地形条件下绿地率只需分别达到 32.3%、30.1%、28.4%、26.7%、25.6%即可达到平地 35%绿地率同样的绿化效果。

参 考 文 献

陈力然. 2014. 基于紧凑城市理论的山地小城镇新城拓展城市设计研究. 重庆: 重庆大学.

陈亮. 2012. 基于技术观的山地城市设计研究. 重庆: 重庆大学.

代兵. 2010. 大城市多功能基本农田规划理论与方法研究. 武汉: 华中农业大学.

冯丽, 陈思. 2011. 山地城镇在控制性详细规划中的土地利用强度研究. 北京建筑工程学院学报, (6): 1-6.

黄光宇. 1994. 山地城市规划建设与环境发展. 北京: 科学出版社.

黄光宇. 2005. 山地城市空间结构的生态学思考. 城市规划, (1): 57-61.

李英民, 李宏兵, 武鑫, 等. 2010. 山地城市地下空间综合节地技术示范及研究. 重庆建筑, (9): 7-9.

仝昕. 2015. 山地城市高密度发展下土地利用优化研究——以重庆市渝中半岛为例重庆. 重庆: 重庆大学.

王国恩, 肖荣波, 彭涛, 等. 2010. 山地城市土地集约利用与开发策略——以遵义市为例. 现代城市研究, 25(2): 74-79.

吴勇. 2012. 山地城镇空间结构演变研究. 重庆: 重庆大学.

许华华. 2009. 山地住区节地方法研究. 重庆: 重庆大学.

闫照辉. 2004. 城市土地利用过程中的生态整合——西南地区山地城镇生态化规划建设探索. 重庆: 重庆大学.

于哲. 2010. 山地城市住区用地建设的核心指标研究. 武汉: 华中科技大学.

周昕. 2008. 昆明城市空间形态演变研究. 规划师, (11): 71-76.

第四章

大理山地城镇建设土地可持续利用规划的案例研究

第一节 示范项目区概况

一、区位分析

项目区位于下关城区南部，凤仪镇西侧，火车站和大丽铁路南侧，楚大高速东北部。项目区至大理机场车程仅约 10min，大丽高速连接线从项目区北侧穿过，紧邻基地会有两个出入口。项目区面临洱海，坐倚苍山，处于未来发展核心区，毗邻新建中的行政中心，对内对外交通亦十分便利。

二、规划范围

项目区总用地面积为 11.63km^2。具体范围为：北至大丽高速公路连接线，西止于凤鸣箐，东与凤仪镇区隔山相望。

三、土地利用情况

项目区城市建设用地主要由道路与交通设施用地组成。非建设用地主要由水域、农林用地组成。此外，项目区内还零星分布有多个村庄建设用地。

区内主要有五条较大的冲沟，三个水塘。

项目区多条架空高压电力廊道穿越项目区，影响土地开发，现状土地尚未开发，无相应市政基础设施，片区防洪存在隐患。现状变电站的搬迁及架空高压电力走廊的改线对提高规划项目土地开发、提升项目品质意义重大。而基本空白的现状条件有利于市政管网的统一规划、协调布设，具体见表4-1。

表4-1 现状用地指标一览表

序号		用地性质		用地代号	面积/hm²	比例/%
		建设用地		H	14.53	100
	其中	城乡居民点建设用地		H1	6.98	
1		其中	村庄建设用地	H14	6.98	
	其中	区域交通设施用地		H2	7.55	
		其中	公路用地	H22	7.55	
2		城市建设总用地面积			14.53	100
		非建设用地			1148.74	
3	其中	水域		E1	4.95	
		农林用地		E2	1143.79	
4		规划范围总用地面积			1163.27	

第二节 项目区现状评价

一、现状用地条件分析与评价

（一）高程分析

高程同样也会对物种迁徙和生态流的扩散产生一定的影响，高程相同的区域当物种迁徙时会较容易地通过，反之较困难。本书选择高程作为阻力因子之一进行研究，并将其权重赋予0.3，由于研究区高程在1924～2399m，这里将其分类为

5 个阻力因子，不同等级阻力系数见表 4-2。

表 4-2　高程阻力因子及阻力系数

高程/m	阻力系数
<2000	1
2000～2100	2
2100～2200	3
2200～2300	4
>2300	5

项目区内地势南高北低，东西高，中间低，平均海拔 2141m。最高海拔为东南部山峰 2383m，最低海拔为东北部谷地 1972.6m，整体起伏度较小，适宜开发。

（二）坡度分析

坡度是导致山体滑坡、水土流失等环境问题的因素之一，坡度同样会对项目区物种之间的交流和生态流扩散方面产生一定的影响。因此，在构建项目区生态安全格局构建时，必须要考虑到坡度的影响（表 4-3），因此将其权重赋予 0.3。

表 4-3　坡度阻力因子及阻力系数

坡度/（°）	阻力系数
3	1
3～8	2
8～15	3
15～25	4
>25	5

项目区坡度大于 25°的用地约占整个项目区的 30%。

可用于开发建设的用地约为 70%，主要集中于山体顶部、山体缓坡带与山谷地带。

项目区地形分布特征：从剖面线，明显看出项目区北部高程较低，自西向东地形复杂，起伏较大，开发建设需先做大量的工程处理，成本较大，且地质条件不稳定；而南部区高程相对较高，但地形起伏相对较小，坡度较缓，开发建设需做的工程处理相对较少。

（三）坡向分析

由于项目区位于洱海南部，整个区域坐南朝北。项目区近 30% 为北向坡，近 55% 为东西向坡，南向坡为 14% 左右。

在开发建设时，要处理好朝向与用地功能的关系，朝向优越的区域布置生态居住用地（图 4-1）。

图 4-1 坡向分析图

（四）景观面分析

湖景区：位于项目区北部，主要景观为湖景，对洱海的可视度较高。

谷景区：位于项目区中部，地形为谷地，主要景观为谷地自然景观。

山景区：位于项目区东部，地形坡度较大，主要景观为山地自然景观（图4-2）。

图 4-2　可视度分析图

（五）汇水面分析

项目区主要可分为四个集水区域，未来规划应注意对汇水区的保护。

（六）现状用地条件综合评价

1. 有利条件

多样的地形条件易于景观的营造。规划可结合景观节点的设计，布局片区公共空间与活动，或依地势辗转隐于林间，构成既保有私密性又各自不同的居住景观（图4-3）。

图 4-3　汇水面分析图

丰富多样、高低起伏的山地地形，结合功能分布的组团式布局形式，易于各分区的特色打造。

生态环境佳，易将坡地、谷地、平地组合成多样的开放空间，凭借地势与植被，可形成天然的周界。

2. 不利条件

制约城市片区规模化开发建设，部分坡地坡度较大，会影响新城道路系统的易达性。

基地内部现有 220 kV 变电站与多条高压线走廊的拆迁问题、拆迁工期计划等会影响项目进度。

受地形限制和影响，大量的护坡、挡土墙、山地道路等的立体化建设，加大了市政基础设施的建设投入成本。

二、项目区生态保护重要性评价

规划采用 MCR 模型对生态保护重要性进行评价。MCR 模型兼具空间可视化和定量分析的功能，是实现土地利用生态安全格局构建的较好工具之一，可全面地反映景观单元的生态适宜性和生态潜在可达，在土地利用生态安全格局领域适宜性较好、应用前景广泛。MCR 模型公式表达如下：

$$MCR = f \min \sum_{j=n}^{i=m} \left(D_{ij} \times R_i \right) \tag{4-1}$$

式中，MCR 为稀土矿区的最小累积阻力；f 为待定单调递增函数；D_{ij} 为生态用地景观单元 i 到 j 的空间距离（m）；R_i 为景观单元 i 对某运动的阻力系数；m、n 分别为景观单元 i 和生态源地 j 的数量。

规划通过收集规划区界数据、土地利用分类数据、DEM 数据、河流道路数据等，选取土地利用类型、坡度和高程 3 个阻力因子构建综合空间阻力面，明确林地、草地、耕地、水域为生态用地，选择水域作为生态源地，运用成本距离计算最小累积阻力面等一系列运算和模块建构，最终根据阻力值将生态保护重要性系数分为以下 5 类，阻力值越低的区域生态保护重要性程度越高，相关区域开发前越需要考虑当地的生态保护情况（表 4-4，图 4-4）。

表 4-4　阻力值及生态保护重要性系数

阻力值	等级	生态保护重要性
<2000	1	高
2000~4000	2	较高
4000~6000	3	中等
6000~8000	4	较低
>8000	5	低

规划在选取建设用地时，宜避开生态保护重要性评价为高的区域，并对高区域通过山谷公园、山箐绿廊等的布局予以保护和控制。

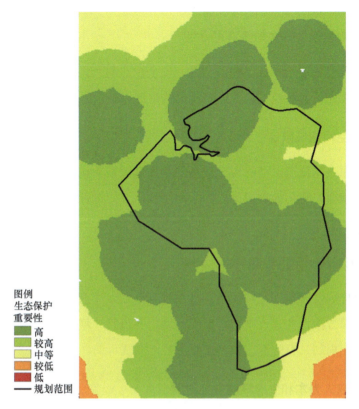

图例
生态保护
重要性
■ 高
■ 较高
■ 中等
■ 较低
■ 低
— 规划范围

图 4-4 生态保护重要性分级图

第三节 山地城镇规划方案构思与布局

一、规划原则

1. 重视城市自然、人文特色的动态延续性

努力适应当地自然环境、历史文脉及市民生活模式，使其融汇在大理的大环境中，成为城市的有机组成部分。重视建筑体量、色彩及空间关系与周围环境的协调，充分结合原有地形、地貌等自然景观资源，创造出一个富有自然、人文特色的城市环境。

2. 注重规划设计方案的经济可行性

满足行政办公建筑和住宅的舒适性、安全性、耐久性和经济性。创造一个布局合理、功能齐备、交通便捷、环境优美的山地城市新区。

3. 加强空间领域限定

充分考虑人车分流，消除人车混行的不安全因素。按照空间的不同属性和人的行为逻辑规律，将用地分成不同的空间序列，并通过各入口标志性建筑以及标志性景观进一步加强空间的领域感和归属感。

4. 留有改造余地增强可持续性

坚持可持续发展原则，按照动态体系进行规划。注意采用具有灵活性和可改性的技术处理方法，在建设中留有发展余地，在道路、停车位等方面作前瞻性的策略布置，使规划具有弹性，做到宏观可控，微观可调。

5. 坚持以人为本和生态环境安全原则

坚持以人为本，创造舒适、优美、卫生、安宁的工作和生活环境。规划的用地布局及空间组织以人的需求为依据，充分考虑人的可达性、便捷性及舒适性，做到以人为本，为人服务。对地质灾害和生态安全隐患点进行认真排查，采用生态和工程措施确保生态环境安全。在满足日照、采光和通风的基础上，着重进行绿化景观规划，最大程度接近自然、享受自然，保证市民的身心健康。

6. 符合统一规划、合理布局、因地制宜、分期开发、配套建设的原则

规划立足实际，面向未来，按照高起点、高质量、高标准的原则进行合理分区和功能布局。正确处理规划中社会效益与经济效益、超前性与操作性之间的关系，实现自然景观与人文景观、时代特色与地方特色、近期与远期的有机结合。

二、规划目标

1. 高效能的基础设施

基础设施不仅要齐全，而且要做到安全、高效、可靠，建设现代化高效能的通信设施和协调的道路交通系统，建设高效能的上下水、清洁能源供应、消防及垃圾回收加工等市政设施。

2. 高质量的生态环境

山地具有天然的生态基质，因此，必须以生态山地为目标，营造高质量的生态环境，注重与周边环境的融合，保护原有山水环境，实现可持续发展。一方面加强绿化，保护生态环境；另一方面充分利用原有地形地貌，排除地质灾害隐患。

3. 高品质的物质形态环境

功能与形态并重，合理进行功能组合与用地布局，塑造富有特色的形态环境，构造一个空间层次丰富、具有时代感的行政中心和城市新区。

三、性质定位

以居住和公服配套设施为主体，具有山水自然特色的大理山地城市综合片区。

1. 自然与生态的山地之城

以原生态环境、低碳生活和谐共融的方式，构筑中国生态山城人居的典范。通过自然丰富的开场空间、原生态的山体环境、独具特色的人居社区及低碳环保的交通方式打造自然与生态的山地之城。

2. 文化与景观展示的平台

充分挖掘大理地域文化及大理白族文化特点，将白族独特的建筑风格与现代城市功能与现代建筑风格相融合，构建展示大理深厚的历史底蕴、融入"大理人"

"大理情"的文化与景观展示的平台。

第四节　规划总体方案构思

一、规划策略

1. 策略一——区域协同，构建"山环海抱城相融"的总体格局

从区域视角出发，整合大区域山水生态资源、城市人文资源等，构建"山–水–城"和谐相融的总体格局（图4-5）。

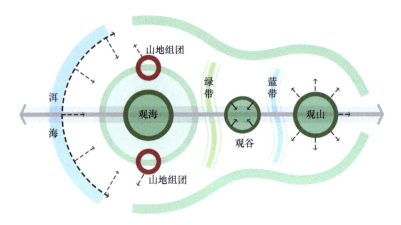

图4-5　策略一：山环海抱

山环海抱：群山、洱海构成了项目区所在区域的天然生态基底，背山面海，是项目区最大的空间特质。

山城相依：项目区是大理城市空间拓展的主战场，应依山就势，或建城于半山，或筑城于高台，建设层次丰富的山地城市空间，形成山城相依的整体格局。

海城相融：洱海是大理地区的景观核心，应加强洱海景观渗透，注重景观视廊的预留，引水入城，赋予城市海的灵气，构筑海城相融的景观格局。

2. 策略二——生态优先，划定生态红线，维护山地生态环境

根据项目区的地形条件、地貌特征等，以生态保护为优先准则，划定生态游赏区、生态缓冲区、生态核心区、集中建设区四类生态区域，构建多层次的生态保护体系（图4-6）。

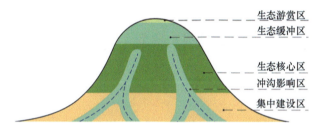

图4-6　策略二：生态优先

生态游赏区：山顶区域，作为一定区域的制高点，地形较为平坦，景观视域极佳，适合低密度建设，打造成游赏节点。

生态缓冲区：山顶周边区域，地形相对平坦，坡度一般在25°以下，具有单侧较好的景观视域，适合低强度开发，保证较高的绿化率，作为生态缓冲区域。

生态核心区：山腰区域，地形坡度大，多在25°以上，工程难度大，不适合开发建设，宜作为生态保育的核心区域。

集中建设区：山脚区域，地形较为平坦，集中的用地面积较大，适合较大规模的开发建设，但需预留冲沟附近的生态缓冲区域，防止山洪等地质灾害的影响。

3. 策略三——依山就势，分台布局

用地选择：结合项目区地形特征，划定不受地质灾害影响、坡度在25°以下、规模较大集中连片的区域作为项目区建设的主要区域；坡度在25°以上、受地质灾害影响等不适合建设的区域作为生态涵养区域。

依山就势：建设用地的布局宜结合地形采用平坡式、台阶式和混合式三种形式，其中自然坡度小于8°时，宜规划为平坡式；自然坡度大于15°时，宜规划为台

阶式；自然坡度 8°～15°时，宜规划为混合式（平坡式与台阶式混合）。

有机布局：分组团布局建设用地空间，通过合适的交通组织方式将各组团有机连接（图 4-7）。

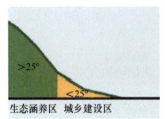
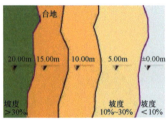
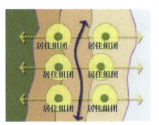
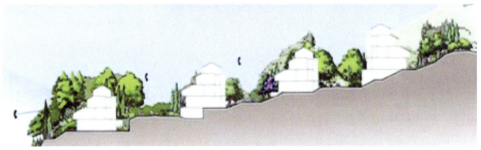

图 4-7　策略三：依山就势，分台布局

二、规划构思

1. 划分组团

以冲沟绿化为廊道，利用山顶公园，构建山、城的自然形态，基于用地内现状沟壑状的地形条件和背山、面水的环境景观特征，将项目区划分为多个生活、服务及产业组团，在保证城市活力形成的同时，将城市、自然山体进行有机串联，形成城市与自然相互融合的生态格局，打造大地景观空间形态（图 4-8）。

2. 组织交通

强化步行及立体交通组织，保证车行可达的前提，构建人性化的立体交通体系，以项目区外围城市道路为依托，以内部"一横两纵"道路为骨架，以地块间环状连接的内部道路为支撑，以垂直步行通道为纽带，构建人性化的立体交通体系（图4-9）。

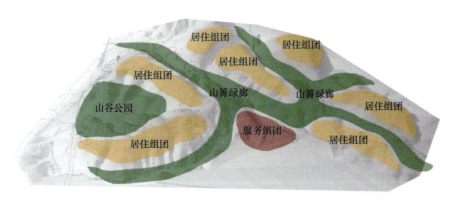

图4-8　划分组团

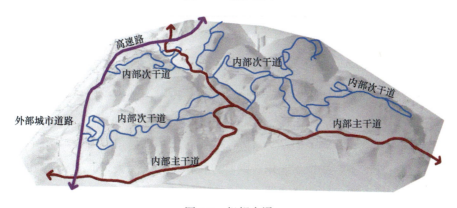

图4-9　组织交通

3. 完善配套

以居民需求为导向，以出行距离为服务半径，构建完善、便捷的服务体系以居民日常生活需求和生活习惯为导向，结合组团式的城市结构，划分三级公共服务体系。第一级按照步行 5 min 的距离，在每个组团中心位置构建一个组团公共服务网点，在满足居民生活的基本需求的同时形成每个组团的活力聚点。第二级按照 300 m 的服务半径，建立多个社区服务中心，每个社区服务中心配置居民日常生活所需的设施，以达到便民利民目的。第三级以整个项目区位服务区域，配置较大型的商业配套设施、文体活动设施、教育医疗设施等，形成片区公共服务中心（图 4-10）。

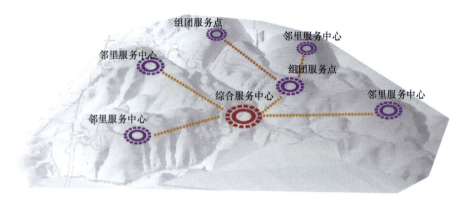

图 4-10　完善配套

4. 塑造环境

以提升生活品质为目的，通过多层次公共空间的打造，构建城市魅力网。具体做法为：保留现状冲沟、山顶等形成不同层级的公园绿地；结合二、三级公共服务中心设置主题广场；通过公共绿化和庭院活动场的布置，形成小区公共景观，从而构建多层次公共开放空间体系，编织出独特的山地城市魅力网。吸引居民走出建筑，在室外休闲、散步、娱乐、购物过程中进行人与人之间的交流，增强社区的和谐度和居民的领域感（图 4-11）。

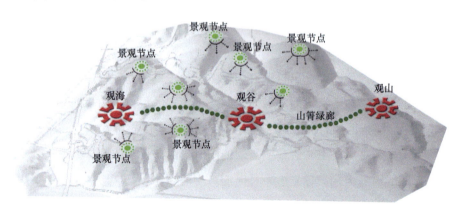

图 4-11　塑造环境

5. 植入肌理

尊重现状地形，通过建筑朝向的组织，构建具有大地景观的城市肌理基于山地地形特征，通过组团式的建筑布局措施和退台、爬坡、掉层、错层等不同高差方式的运用，形成自然跌落、高低起伏的山地建筑形态。地形较为复杂的区域采用对地形适应性比较强的串联式组合；山底和坡度较缓的山顶采用并列式的山地建筑组群；并根据地形的高差变化采用层台的组合形式，通过对用地进行改造建立不同水平面的平台（图 4-12）。

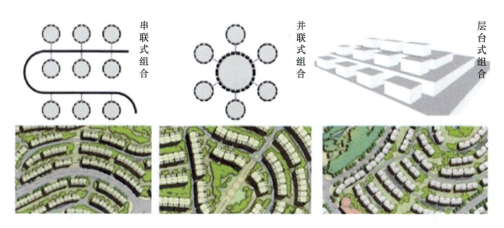

图 4-12　肌理示意

三、布局模式

1. 山地城镇空间特色判断

项目区地形较为复杂，区内由多条小型山脊和谷地构成，空间上可概括为山顶、山脊、山腰、山脚四类区域（图 4-13）。

山顶区域：坡度较缓，景观视线良好，宜着重打造景观环境。

山脊区域：坡度较缓，但边坡较陡，用地多呈带状，有较好的景观视线，用地相对完整，是相对的建设区域，宜鼓励发展。

山腰区域：坡度变化较大，多由冲沟分割，工程利用成本较高，且易产生滑坡、塌方等不良地质灾害，宜限制发展。

山脚区域：地形较为开阔平坦，建设条件较好，宜优先发展。

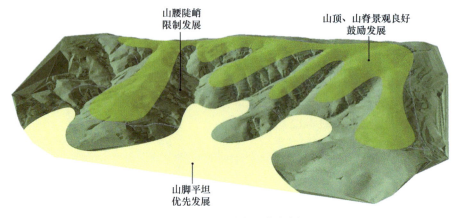

图 4-13　山地城镇空间特色判断

2. 布局模式选择

根据项目区的地形变化情况，依山就势，因地制宜，规划道路网，合理布局用地，主要分为三种处理方式（图 4-14）。

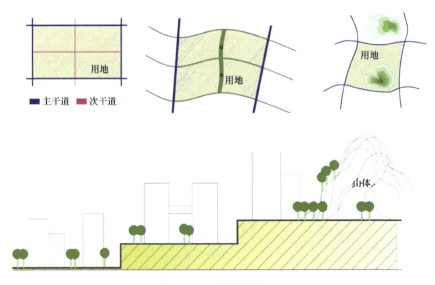

图 4-14　布局模型示意

山顶和山脊：充分结合地形，采用"自由式"的布局，保留坡度较大、植被较好、不宜建设的山顶区域，该区域以生态保护为主。

山腰：通过改造地形，形成"台地式"利用模式。

山脚：采用"方格网式"布局。

四、功能结构

规划形成"一心一轴四组团"的空间布局结构（表 4-5）。

表 4-5　规划空间布局结构

名称	策略	内容
公共服务中心	位于基地中部，整体地势较低，可作中密度发展，利用山势布置商业及公共服务设施，形成片区中心	位于项目区的核心部分，位于高地的核心区可360°享受谷景和山景。提供商业、文化娱乐、餐饮风情街、文化精品酒店等配套服务，设计风格充分体现山城风情，成为吸引游客的亮点
南北景观轴线	充分结合地形地势，顺应自南向北逐级趋向洱海的高差，打造一条南北向景观轴线	将公共服务中心、广场、公园绿地等公共开敞和开放空间进行轴向布局，达到"景观成带"的效果；竖向空间上丰富的层次，达到"景观成阶"的效果
望海公园组团	位于基地入口位置，距城区较近，位于下关城区南部，利用自然山谷地势，可享洱海景观	保留现状长势较好的植物，打造成山地休闲公园，服务下关城区及规划区，休闲公园内沿山脊布置人行栈道，地势较高节点布置观海平台
西北生态居住组团	保留大片的山体绿地作为社区共享的空间场所，利用靠近城区的位置优势，可发展密度较高的居住区，但位于山脊上的区域不宜过高	主地块的北部大部分区域均有良好的洱海景观，将打造成具有大理特色自然景观的公园；并在靠近主要出入口附近配置中高端的城市公寓和低层住宅
东北生态居住组团	围绕中心绿化景观，保留大片山体绿地，沿山脊及山腰区域集中形成密度较高的居住区	大部分区域建筑布局采用面向洱海的朝向，顺应地势分台布局，在中心位置集中布局社区级公共服务中心
南部生态居住组团	位于比较深入的山区腹地，为远期发展用地，开发密度较低	位于整个基地的最南侧，以私密低层住宅为主

1. "一心"

即在用地中部设置的片区公共服务中心。依托用地中部观赏洱海的最佳区位条件，通过布局行政办公和商业服务业设施用地等，打造片区公共服务中心。在景观营造上，以广场和公园绿地为中心，打造散发式景观视线廊道，营造面向洱海的开阔的景观视域。

2.“一轴”

即南北向景观轴线。充分结合地形地势，顺应自南向北逐级趋向洱海的高差，通过公共服务中心、广场、公园绿地等公共开敞和开放空间的轴向布局，打造一条南北向景观轴线。

3.“四组团”

即一个望海公园组团和三个生态居住组团。借助天然地势，围绕北部的望海公园形成一个绿色生态的公园组团，在其西南和东北两侧各布局一个生态居住组团，片区南侧布置一处生态居住组团，共同形成向心型布局形态。

五、用地布局

（一）居住用地（R）

1. 居住区用地

规划确定今后本片区的居住结构为：居住区–小区–组团的结构形式，布局合理的具有优美环境的居住小区。本规划居住用地为二类居住用地，居住小区的开发将杜绝以小宗土地出让、私人建房的形式出现，而应由有资质的房地产企业统一开发、统一出售，以便形成设施完善、布局合理、环境舒适、和谐优美的居住小区，且今后的住宅和商业用地应分别安排，以免功能混杂，相互干扰。由于住宅开发市场化程度日益加深，开发建设中可能遇到一些不确定因素，故而规划确定的住宅类型只具有指导意义，但是对容积率、建筑密度等指标应严格遵守，确保城市规划的真正落实。

2. 服务设施用地

项目区内服务设施用地应摒弃沿街为市的粗放型商业形态的弊端，也不同于传统意义上的小区内的零散商铺，而是应立足于“大社区、大组团”进行功能定位和开发建设。规划在居住区的开发建设中应按规范安置相应的服务设施，如幼儿园、社区活动中心、社区诊所、百货店、小菜店、杂货店、修理店等。

（二）公共管理与公共服务用地

规划教育科研用地，在公共服务中心的东侧设置一所小学。

（三）商业服务业设施用地

1. 商业设施用地、商务设施用地

商业设施用地、商务设施用地集中于项目区中部，强调规划的弹性和可操作性。规划的整体空间形态延续了原有环境所表现出的疏朗、松散、有机的特质，并依据现状地形特点和项目构成，形成不均匀的放射状圈层形态。依据地形"生长"的功能组团，合理地约束了人工环境的配置规模，使之在整体环境中的容量比例相对合理，保证了整体环境质量，并使生态环境处于良好的可持续发展的运行状态，空间发展呈现出适度集中、有机分散的布局形式。

2. 娱乐康体用地

在本项目区结合综合组团、生态居住组团设置娱乐康体设施，内设体育场馆、室外训练场、管理服务楼等设施，服务整个城市的广大市民。

（四）公用设施用地

在不影响路网结构和功能分区的大前提下，保留现有的市政设施用地并充分加以利用。在规划区内充分结合现状及地形条件安排供水、供电、通信等用地，规划新建水厂一座、污水处理厂一座、变电站一座以及邮政所和电信支局一座。根据规范在各片区安排垃圾转运站、公厕等用地。

（五）绿地与广场用地

公共绿地按照"小区级–组团级"二级配置。规划突出城市的山水特色，从本项目区靠近城市外围田园风光和自然绿地的优势出发，形成一些东西向和南北向的绿化廊道，为城市居民留出沿街的行人专用绿地，规划从本项目区自身的地形

及生态条件优势出发，结合服务中心设置广场。

（六）道路与交通设施用地

规划的原则是与各个小区的道路出入口相连，并和各个小区内部的环状绿带结合在一起，以形成完整的绿地景观和交通组织，同时可以避免过多的穿行车辆破坏居住小区内部的居住环境。规划采用围合型道路来组织，使小区级道路曲折变化，以保障居住环境的完整性。

规划根据用地的总体形态、用地布局和交通组织，结合公共设施的性质、规模，布置与之相适应的广场和停车场。在主要入口、大型公建周围，人、车流集中的地段分别布置机动车、非机动车停车场，近期可设为露天停车场，随着城市发展，将来可改为多层立体停车库。非机动车停车场可在人流集中的地方设置，主要利用公共建筑的地下层、绿化带，建筑后退红线的距离等来设置。

停车场地面铺装采用镂空地砖内植草，在不影响停车的情况下种植高大乔木，提高绿化覆盖率，与周围绿地融合。

六、人口容量

项目区内的人口容量主要通过居住用地核算。项目区内二类居住用地有210.20hm^2，平均容积率按1.6，户均面积按180m^2，户均人口按2.5人，则项目区人口容量为46711人，即区域内的人口规模约为4.7万人。

第五节　山地城镇规划各专项设计方案

一、公共设施布局规划

（一）规划原则

（1）按照居民日常出行习惯和服务半径要求，配置各类服务设施，遵循便民、利民原则。

（2）结合项目区周边已规划设施进行综合布局，遵循资源共享原则。

（3）根据《城市居住区规划设计标准》（GB50180—2018），按照五分钟、十分钟和十五分钟生活圈居住区的三级配置要求，对公共设施进行合理布局。

（二）五分钟生活圈公共设施布局规划

五分钟生活圈，步行距离约为300m，居住人口规模约为5000～12000人。五分钟生活圈居住区内，对应居住人口规模配套建设的生活服务设施，主要包括托幼、社区服务及文体活动、卫生服务、养老助残、商业服务等公共设施。

（三）十分钟生活圈公共设施布局规划

十分钟生活圈，步行距离约为500m，居住人口规模为15000～25000人。十分钟生活圈居住区内，配套与居住人口规模相匹配的公共设施，主要包括基层公共管理与公共服务设施、商业服务设施、市政公用设施、交通场站及社区服务设施、便民服务设施等。

（四）十五分钟生活圈公共设施布局规划

十五分钟生活圈，步行距离为800～1000m，居住人口规模为50000～100000人。十五分钟生活圈居住区内，配套与居住人口规模相匹配的公共设施，主要包括基层公共管理与公共服务设施、商业服务设施、市政公用设施、交通场站及社区服务设施、便民服务设施等（表4-6、表4-7）。

表4-6 项目区十五分钟生活圈、十分钟生活圈公共设施配套一览表

类别	序号	项目	十五分钟生活圈居住区	十分钟生活圈居住区	备注
公共管理与公共服务设施	1	初中	▲	△	独立占地
	2	小学	—	▲	独立占地
	3	体育馆	▲	—	独立占地
	4	卫生服务中心（社区医院）	▲	—	独立占地
	5	文化活动中心	▲	—	可联合建设
	6	派出所	▲	—	独立占地

续表

类别	序号	项目	十五分钟生活圈居住区	十分钟生活圈居住区	备注
商业服务业设施	7	商场	▲	▲	可联合建设
	8	菜市场或生鲜超市	—	▲	可联合建设
	9	健身房	—	▲	可联合建设
	10	银行营业网点	▲	▲	可联合建设
	11	邮政营业场所	▲	▲	可联合建设
市政公用设施	12	开闭所	▲	△	可联合建设
	13	通信机房	△	△	可联合建设
	14	有线电视基站	△	△	可联合设置
	15	垃圾转运站	▲	△	独立占地
	16	消防站	▲	—	独立占地
交通场站	17	公交首末站	△	△	可联合建设
	18	公交车站	▲	▲	独立设置
	19	机动车停车场（库）	△	△	可联合建设
	20	非机动车停车场（库）	△	△	可联合建设

注：▲为应配建的项目，△为根据实际情况按需配建的项目。

表 4-7　项目区五分钟生活圈公共设施配套一览表

类别	序号	项目	五分钟生活圈居住区	备注
社区服务设施	1	社区服务站（含居委会、警卫室等）	▲	可联合建设
	2	文化活动站	—	可联合建设
	3	室外综合健身场地	▲	独立占地
	4	幼儿园	▲	独立占地
	5	社区卫生服务站	▲	可联合建设
	6	社区商业网点	▲	可联合建设
	7	生活垃圾收集站	▲	独立设置
	8	公交车站	△	独立设置
	9	公共厕所	▲	可联合建设
	10	机动车停车场（库）	△	可联合建设
	11	非机动车停车场（库）	△	可联合建设

注：▲为应配建的项目，△为根据实际情况按需配建的项目。

二、山地立体道路交通规划

(一) 现状交通分析

1. 对外交通

项目区铁路、高速公路位于用地北部,形成了城市新区与城区及凤仪组团的交通屏障,使用地与现有城市交通联系不够。

2. 内部交通

项目区内部现已有部分道路,主要有六个用于林区巡防的对外出口和几条巡防山路。但山上的道路没有形成体系,级别太低,质量较差。

(二) 交通组织

1. 对外交通

大丽高速连接线紧贴基地北部边界,项目区内道路沿线需设置 50m 的隔离绿带,绿带内除必要的出入口外,均属于禁建区。

2. 基地出入口

基地与主城区联系的 4 个出入口都集中在北侧。因受地形限制,4 个出口均为下穿式,穿过大丽高速连接线后,与天井片区的城市道路相接。

3. 内部道路交通组织

城市动态交通通过交通性道路和生活性道路进行组织,其中交通性道路要求快速、通畅、避免行人频繁过街的干扰,形成车流交通的主要通道;生活性道路则要求对机动车车速进行控制,使得片区内部不受过境性车辆的干扰,方便居民联系,同时有一定的景观要求,反映城市的中观和微观面貌。

交通性道路——包括规划的主干路和次干路,主要对交通起汇聚和疏散作用。

生活性道路——包括支路及内部道路,主要服务于居民生活交通需求。

（三）路网结构

项目区内道路按照地块功能、交通量、道路等级与间距要求等前提设置，形成高效便捷的网络系统。项目区内共规划有"主干道–次干道–支路–组团内部道路"四级路网体系。主、次干道作为项目区内的骨架路网，主要联系各功能组团，以交通功能为主；支路要满足各地块、台地可达性需求，以服务功能为主。

1. 主干道

（1）南北主干线——沿着山地地形的走势，设置南北主要干道，经过公共服务中心；

（2）西入口道路——从大丽高速连接线上山直通公共服务中心；

（3）东入口道路——从大理快速环线快速路经过公共服务中心边缘到南北主干线上；

（4）道路红线宽度 20m。

2. 次干道

（1）道路红线宽度 12～16m；

（2）规划区东部新增 16m 至凤仪道路，东入口居住组团与公共服务中心的主要联系道路；

（3）首期建设中主要服务各组团的联系道路。

3. 支路

（1）道路红线宽度 10m；

（2）居住社区的联系道路。

4. 组团内部道路

（1）道路红线宽度 6m；

（2）各组团内部联系道路。

（四）道路布局

山地城市不可能像平原城市一样进行网格式道路系统的布局，而更多地采取结合地形的分散组团式结构与灵活自由式道路组织系统。

项目区内道路交通结合台地划分与自然地形，形成"干路串联，支路环绕"的布局模式，避免形成平原城市的方格网状路网格局。道路线形依山就势，顺应地形布局，尽量以平行或斜切等高线为主，避免垂直等高线及横平竖直的方格网形式（图4-15）。

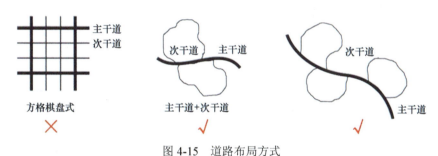

图 4-15 道路布局方式

（五）道路断面

项目区道路横断面主要包含主干道、次干道、支路、组团内部道路共计四级五类断面，具体参见表4-8。

表 4-8 规划道路横断面形式一览表 （单位：m）

序号	道路级别	红线宽度	横断面尺寸			
			人行道	机动车道	机动车道	人行道
1	主干道	20	3	7	7	3
2	次干道	16	2.5	5.5	5.5	2.5
3	次干道	12	2.5	3.5	3.5	2.5
4	支路	10	1.75	3.25	3.25	1.75
5	组团内部道路	6		6		

1. 主干道断面

南北主干线——沿着山地地形的走势，设置南北主要干道，经过公共服务中心。

西入口道路——从大丽高速上山直通公共服务中心（图4-16）。

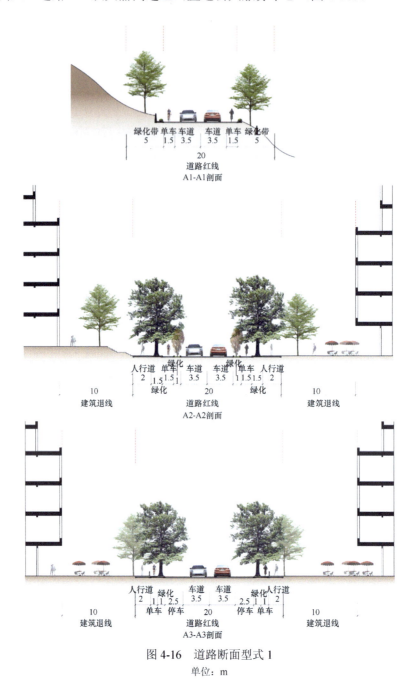

图4-16 道路断面型式1

单位：m

（1）（20m 主干道）A1-A1 剖面。主干道进入项目区北段，规划为双向两车道，设单车道不设人行道。单车道可根据实际地形与车行道路分离，以减少路面宽度，减少因平整地形而致的挖填方工程量。

（2）（20m 主干道）A2-A2 剖面。主干道进入城区段，双向两车道，设置单车道及人行道，慢行车道与机动车道以绿化带间隔。建筑退线 10m 作绿化及行人区域。

（3）（20m 主干道）A3-A3 剖面。位于公共服务中心的林荫景观道，两旁为沿街商业，双向两线道加道旁临时停车。建筑退红线 10m 以增加行人活动区域，配合道路两侧商业建筑适当设置户外餐饮设施。

2. 次干道断面

双向两车道，设置单车道及人行道。建筑退线 8m，主要作为绿化空间。慢行车道可根据实际地形与车行道路分离，以减少路面宽度，减少因平整地形而致的挖填方工程量。

3. 支路断面

双向两车道，设置人行道。建筑退线 4m，主要作为绿化空间。

4. 组团内部道路断面

单车道，人行道结合交通需求及地形条件设置（图 4-17）。

（六）公共交通

规划依托主干道和组团之间的环状道路，通过沿线设置的 5 个公交站点，形成项目区全覆盖的公共交通系统，为实现项目区绿色出行、节能环保奠定基础。

（七）静态交通

项目区内所有新建用地的机动车位配套标准应按"停车场（库）配建车位控制指标表"执行。停车方式可根据具体情况采用地面、地下及立体车库等方式。

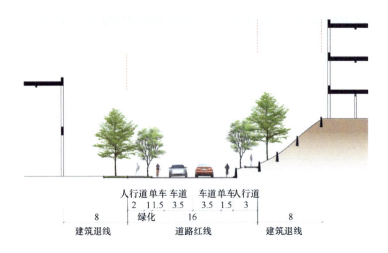

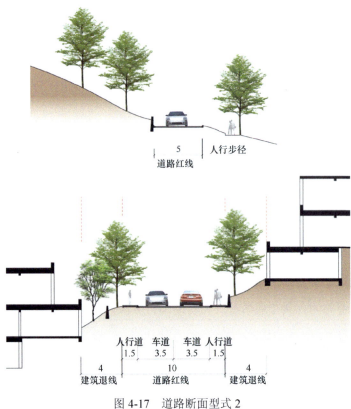

图 4-17　道路断面型式 2

单位：m

单位机动车的出入口，禁止设在主干路交叉点附近，距离城市主干道交叉口的距离必须大于 70m，距离城市次干道交叉口的距离必须大于 50m；自行车公共停车场的出入口应设在次干路和支路上。

道路红线内用地为道路、交通设施及道路绿化专用，任何与道路交通无关的建筑和构筑物的改建、扩建和新建均不得占用道路用地，广告牌、指示牌等的设置必须经城乡规划管理部门的认可。

项目区地面公共交通只设公交停靠站，公交线路和站点位置根据城市公交公司相关规划确定。

（八）慢行系统

基于生态环境保护的前提下，兼顾步行与景观需求，构建低影响开发格局。规划构建由城市生态步道、山林休闲步道、商业步行街、社区生活步道、主要步行节点形成的贯通整个项目区的交通慢行系统。

除满足行车需要外，结合主干道和次干道设置相应的人行步道，通过景观树种、灌乔搭配、四季不同等设计，打造城市生态步道。

依托置于山林间的生态景观环境，设置山林休闲步道。规划对山顶步道的设计，以最大化减少对原生林的砍伐为原则，建议采用底层架空、带护栏的步行栈道，避免对林木的砍伐，留出生态廊道，保护自然生态环境。结合实际情况，为保留树木，避免过度砍伐，还可在步行路面中适当设置镂空区域，留出树木生长空间。

结合位于项目区中部的商业中心设置商业步行街，通过精心设计的街道立面、起伏的街道轮廓、丰富的街道小品等景观环境的打造，强化商业氛围，提供安全、悠闲、愉快的步行购物体验。

结合各组团内部道路设置社区生活步道，满足邻里交往、健身跑步、休闲散步等的需求。

此外，依托各组团中心广场、绿地等公共活动中心形成项目区主要步行节点，为居民提供驻足观赏、休息与交流的场所。

（九）交通标识

1. 机动车路标系统

规划除完善信号灯、标志牌外，还应注重路面划线的景观性和明确性。在项目区内则需在出入口附近，通过标识牌将项目区的道路交通组织、道路名称、停车空间等信息显示清楚。机动车标识系统的作用必须是连续的和成系统的，在进行道路施工图设计时，应体现这些要点，并参照城市有关部门的具体要求进行实施。

2. 步行道标识系统

在公交车站、商业空间、城市广场和步行道交叉路口等需选择方向的地点，设置建筑小品式或指示牌式的街道指示设施，标识其周围情况和城市的主要功能区，明确所处方位，并通过设置道路及街道的路标，使行人能方便地辨别方向，从而产生积极的引导作用，体现城市环境对人的尊重和关怀。

（十）道路竖向规划

1. 规划依据和设计指导思想

为减少规划实施阶段可预见的道路工程量、红线范围内的拆迁量，在满足道路使用功能的前提下有效地节约投资，设计人采取了以下措施。

（1）对于规划新建道路，设计人在规划中始终本着美观、便捷、投资省的原则，严格按照《城市道路设计规范》（GB 50688—2011）进行平面线型和纵断面线型设计。

（2）本次道路竖向规划从实际出发、因地制宜、结合其内在的要求和各规划元素的特点，做好高程上的完美安排，以达到节约投资、布局合理的目的。具体要做好以下几点。

第一，将安全、适用、经济、美观的设计理念贯穿到整个场地竖向规划设计过程中。

第二，认真分析现状地形地貌，设计上充分发挥各种地貌的开发潜力，节约用地。

第三，合理利用地形、地质条件，满足城市各项建设用地的使用要求。

第四，减少土石方及防护工程量。

第五，保护城市生态环境，增强城市景观效果。

（3）综合考虑道路排水等因素，优化道路纵坡设计，以减少规划实施阶段可预见的道路工程量。规划道路标高的确定尽可能在保证道路纵坡满足技术要求的同时，使道路及场地填挖方数量较小。雨水就近排入自然水体。

2. 主要技术指标

（1）规划新建道路车行道最小纵坡 0.307%，最大纵坡 10%。

（2）规划道路标高最高为 2334m（位于南部山体处）；最小规划标高为 2011m。

（3）道路横断面设计中，车行道横坡均为 1.5%，人行道横坡均为 2.0%。

（4）规划道路节点最大填方为 15m，最大挖方 15m。

（5）具体道路变坡点高程、坡度、坡向。

3. 规划建议

（1）今后实施时，要求在下一步市政工程设计中，详细收集有关资料，仔细推敲，认真设计，确定规划区内道路及场地规划标高，以保证排水畅通和节约投资的要求。

（2）由于本次规划区山高坡陡，道路纵坡较大，针对以上特点，竖向规划提出以下建议，以供后期道路施工及管理参考：

第一，在进行道路施工图设计中，竖向上应尽可能设置纵坡缓和段；平面上应按相关规范设置道路加宽段、缓和段。

第二，在主要路口应设置紧急停车带，以及相关警示标志、标牌。

第三，场地施工中，应结合道路标高，合理确定场地标高。对于高差较大处，应分台设置挡土墙或进行绿化放坡处理。

（3）规划区道路与大丽高速公路连接段，待补全基础资料后，再确定其入口标高。

三、山地立体景观规划

丰富多变的地形地貌、山水环境是珍贵的自然资源，为山地城市充满活力的空间结构和景观特色的创造提供了重要的物质基础，产生有别于其他城市的发展形态和总体形象，变化的天际轮廓线，层层叠叠、高低错落的建筑群和街道交通结合成多维的空间组织，城市和周边或者内部的山体、河流形成一个协调统一的整体，形成了山城特有的立体艺术面貌。

（一）规划原则

（1）保留项目区内的制高点、俯瞰点和有明显特征的地形、地物。

（2）保持和维护城市绿化、生态系统的完整性，保护有价值的自然风景和有历史文化意义的地点、区段和设施。

（3）保护和强化城市有特色的、自然和规划的边界线。

（4）构筑美好的城市天际轮廓线。

（5）设置多层级的屋顶绿化，与山地绿化景观相配合，利用岩、坎、挡土墙以及建筑的墙面、台架、柱等形成绿色屋顶、生态墙、植物遮阳。

（二）景观结构

1. 控制原则

通过对项目区的空间模型分析，确定建筑高度、体量、整体轮廓线、层次划分等空间要素的控制原则。

（1）择优建设，控制体量。

山脚区域高强度开发，山顶及山脊区域低密度建设，山腰区域控制建设。山脚区域允许适当建设高层建筑，高度控制在60m以下。山脊区域以多层建筑为主，建筑高度控制在24m以下。山顶区域以景观绿化为主，允许少量建设低密度建筑，建筑高度不宜超过 12m，使山顶开发建设融入山林（图 4-18）。

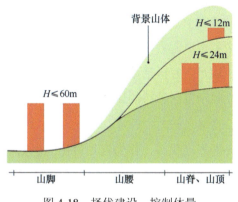

图 4-18　择优建设，控制体量

（2）显山露水，优化景观。

山脚区域建筑群天际轮廓线应与背景山体呼应，预留不少于 30% 的山体景观面。空间布局在组团式结构的前提下，根据等高线分台地建设，但台地之间严格禁止裸石堡坎，尽量采用自然缓坡予以过渡。严格控制项目区内山体制高点，采取建设标志性建（构）筑物等方式突出该区块空间识别度；并与周边景观、标志物进行视线廊道联系，保证视线通透性。对现状和建设当中出现的山体创伤面采取自然绿化防护与人工建筑两种方式进行遮蔽，保持山体景观延续性（图 4-19）。

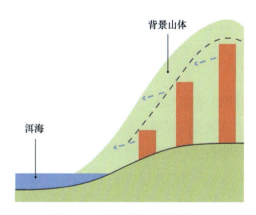

图 4-19　显山露水，优化景观

2. 景观塑造策略

（1）设核心区域及游赏节点。

以公共服务区为中心串联起各功能片区。提供聚集、商业和感受大理文化的场所；次级的游赏节点满足各片区活动会所和次级商业需求。每个节点设置标志性的构筑物，帮助建立起项目区独特的场所感。

（2）借山海之势、自然之景。

规划将山体和洱海的景观优势，作为规划设计的视觉朝向依据和重点。整个项目区从北至南可分成三大景观片区：海景区、谷景区和山景区，依托山地自然生态建立背景景观形态和自然生态保护区。

（3）创丰富独特的景观序列。

顺应地形地势，营造北观海、中观谷、南观山的景观序列。依托北部可眺望洱海的景观视域特点，营造向心型观海景观；依托中部相对低洼的谷地地势特点，沿河流两侧打造观谷景观；依托南部略高的山体景观和茂密的森林植被资源，打造观山景观。三类景观将通过一条依托道路和景观节点形成的中心轴线串联，最终形成富有层次、高低起伏、变化多样的景观岸线和视觉廊道。

3. 景观结构

基于项目区沟谷状的地形特征，通过对冲沟、山体的保留与绿化植被的恢复，以及各个组团内公共绿地空间的打造，规划形成"一圈–一轴–多廊–多点"的景观格局。

（1）"一圈"。即绿色生态景观圈。为项目区外围的山体景观渗透区。

（2）"一轴"。即中央峡谷景观轴。位于中央的峡谷区是整个项目区的公共活动中心，也是除公园绿地外另一个吸引游客的区域。充分利用峡谷的地形，低处做人工湖，两边分别创造可游赏的特色景观区，包括台地花园、茶园、生态果园、山地公园等。

（3）"多廊"。即多条景观廊道。规划以中央峡谷景观轴为中心，通过开敞绿化空间的布局以及建筑围合方式的变化，打造向心型景观视线廊道，营造面向中央峡谷的开阔的景观视域。

（4）"多点"。即由公园绿地和林地形成的多个景观节点。

第一，公园绿地。结合山势，创造南北两区各具特色的公园绿地。北区公园绿地场较为公共，且享有洱海开阔景观，南区私密性较强，适宜建设为社区共享型的公园绿地。

规划建议突显的山头高地可保留为自然的景观地标，同时可利用作为社区中的共享活动绿地，提升社区辨识度及认同感。

第二，林地。保留大片的山林绿地以创造一个尊重自然、关注生态、绿意十足的山地生活城镇。尤其进入项目区的主要干道，从山下的主城区沿山路进入，经过大片的山林地，充分感受到山城野趣，再抵达位于峡谷顶部的公共服务中心区。

（三）立体景观规划

1. 山体界面控制

基于项目区的特殊地形地貌，规划提出"露顶、透绿、显山"的山体景观界面控制原则。保留区内主要山体制高点，形成组团公园绿地等开放空间；结合制高点预留看向洱海方向的景观视廊，避免建筑遮挡，形成山水景观渗透；控制山脚、山腰区域的建筑高度，保留至少 1/3 的山体作为绿色背景；控制临山建筑的连续界面长度不大于 70m，建筑间距在满足安全要求的前提下不小于 1/5 界面长度。

2. 建筑垂直绿化

规划重点把握三维地面构造、垂直分布、平面异质等自然要素，在大地平面绿化系统的基础上，向立面和顶层平面延伸，通过垂直绿化的方式，弥补平地绿化的不足，丰富绿化层次，增加建筑的艺术效果，提升城镇的外在魅力。如在人流密集的商业区、步行街等区域结合建筑、景墙种植爬山虎、五叶地锦等攀援植物；在主要道路沿线结合广告标示、景观灯柱设置花篮、吊盆等。

（四）绿化景观

1. 屋顶绿化及垂直绿化

城市屋顶绿化及垂直绿化是充分利用山地地形条件，选择攀援植物及其他植物栽植并依附各种构筑物及其他空间结构的绿化方式，包括建筑墙面、坡面、河道堤岸、屋顶、门庭、花架、棚架、阳台、廊、柱、栅栏、枯树及各种假山与建筑设施上的绿化。适用于 12 层以下、40m 高度以下的非坡顶新建、改建建筑物（含裙房）和竣工时间不超过 20 年、屋顶坡度小于 15° 的既有建筑屋顶。建筑物屋顶应能满足绿化对荷载、防水、防腐等功能的要求。

屋顶绿化的植物选择草坪或地被：如石竹、萱草、鸢尾、葱莲等；灌木和小乔木：如紫薇、木槿、月季、迎春花、石榴等；藤本植物：如紫藤、凌霄、金银花等。

2. 与道路系统结合的绿化

受地势高差的影响，山地区域居住区的道路系统组织较为复杂，经常会遇到需要高架、悬挑的道路。这种道路建设方式往往会造成一些独特的空间场所，如高架道路的下部空间，滨河道路悬挑后形成的临水平台和下部空间等，如果利用得当，这些空间往往能够创造令人意想不到的景观效果。

结合人行天桥或立交桥设置的垂直绿化，其配置的植物可选择：爬山虎、迎春、凌霄、紫藤、常春藤、藤本月季、金银花、牵牛花等。

3. 与停车场结合的绿化

地下停车场是山地区域居住区的主要停车方式之一。在用地紧张的山地区域居住区，为了节省地面面积，住区的停车场一般都置于地下，地上空间则设计成公共绿地或者开敞空间。通常地下车库一般结合组团绿地和小区中心绿地布置。

地面停车场应用透气、透水性铺装材料铺设地面，并间隔栽植一定量的乔木等绿化植物，形成绿荫覆盖，将停车空间与园林绿化空间有机结合。

4. 边坡绿化

山地城市的建设将不可避免地进行土石方开挖，而由此将形成裸露边坡，将破坏原有生态环境，导致水土流失，而且由于边坡的不稳定性为地质灾害留下了安全隐患。因此，边坡的治理和绿化是山地城市景观塑造和安全保障的重点。

边坡绿化的植被选择基于控制水土流失的基础上，应选择稳定健康的植物群落配置，植被的选择应遵循以下原则：①适应当地气候条件的植被；②根系发达、分生能力强的植被；③抗逆性强、耐贫瘠及轻管型植被；④乔灌草多重植物配置，提高植物群落稳定性。

（五）景观生态技术运用

1. 雨水花园技术

雨水花园是自然形成或人工开挖的浅口绿地，用于汇聚并吸收来自屋顶或地面的雨水，是一种生态可持续的雨洪控制与雨水利用设施。它是一种别致的景观，兼具下雨及非雨季的双重景观特征，能有效地去除径流中的悬浮颗粒、有机污染物以及重金属离子、病原体等有害物质；通过合理的植物配置，为昆虫与鸟类提供良好的栖息环境，从而丰富生态平衡；通过植物的蒸腾作用以调节环境中空气的湿度与温度，改善小气候环境。

雨水花园在构建时一般由蓄水层、覆盖层、植被及种植土层、人工填料层和砾石层构成，设计时重要考虑选址、土壤选定、结构深度的确定、表面积的确定、外形的确定、树种的选定和配置等方面。

2. 设置水系，收集地表径流

规划结合利用现状冲沟区域，设置带状水系，水系两侧设置通过绿化植被的恢复，形成过滤层。周边地表径流可通过植物过滤后流入水系，而水系内采用鹅卵石垫层，一方面降低水系流速的同时，增强地表的渗透能力和储水能力；另一方面可再次过滤水、净化水质，降低城市地表水对洱海的污染。

3. 设置生态水池，储存地表流水

雨水花园中的雨水经过层层收集过滤后需要一个水池来储存，如果采用常规的社区水池做法，处理后的雨水会再次变质，无法达到雨水花园的本质。生态水池就是为解决这一难题而提出来的。生态水池是适用于水下动植物生长，又能美化环境、调节小气候、供人观赏的水景，它的起源要追溯到自然界中的池塘。自然界中池塘是动植物生活作息的重要场所，在人类社会更是不可或缺的地貌，是自然环境与人类生活的重要地景元素。而原始的池塘由于景观效果粗糙，在城市住区水景设计中一直被忽视。但是在国家"节能、生态、低碳"的思想引导下，"生态水池"的概念应运而生，其实质就是要求水景自身能形成一个生态平衡体系达到自净，同时尽量采用雨水补水达到节能的效果。

4. 加强绿化，增强土壤含水量

现状冲沟由于长年被雨水冲刷，导致水土流失严重。规划提出在冲沟内加强绿化植被的恢复，形成固土含水的保护层。在提升城市景观效果的同时，可优化廊道内物种生境，形成良性循环，促进生态平衡。

5. 土壤与植被保护

（1）保护基地土壤资源。

若表层土的有机质含量较高，尤其对于地表植物生长和底层土的酸碱度都具有很好的适应性，注意将表土收集后回填，这样将十分有利于植被的生长。而在局部土层较薄甚至露出砾石地方，应注意就地自然造景，避免人为的过大干扰。

（2）植被群落构建。

基地上现有植被资源虽然以次生灌木为主，但多为本土地带性植被，具有很强的适应能力，尤其地表径流处的灌木能避免水土流失，湿地的大片水生植物具有良好的生态效益，因此，结合具体景观环境设计，基地原有植被能保留应尽量

予以保留。同时，为改善基地原有绿化单一、植被种类匮乏的不利条件，在绿化配置中，力图通过引入丰富的地方性植物种类，加大乔灌木的栽植量，采用成片、成林的植物栽种方式，以形成稳定的植被群落，并考虑不同季节开花植被的搭配，使四季有不同的观赏景观。在住区内部则创造疏林草地、色叶园、阳光草地、缤纷花园、湿地群落等的植物景观，沿道路两边的绿化流线型布置，并注重种植的乔、灌、草的层次，加大带状绿化的宽度，使其真正成为联系各个绿地斑块的绿色廊道，有助于形成整个生态绿地系统的网络结构。

6. 铺装材料

住区路面采用透水性混凝土路面，人行道铺地材料用渗透性材地面料铺装；广场和公共活动场地采用室外架空木地板与透水性广场砖结合；停车位采用植草砖，这些材料在下雨时可有效增加雨水的下渗，减少地表径流与路面积水，在高温时通过透水材料的蒸发，又可降低地面温度，改善室外热环境，增加室外环境的舒适性，缓解住区和城市的热岛效应。

（六）建筑设计引导

1. 建筑设计原则

（1）三大原则。

①显山露水：不要影响到坡地山水自然的美，尽量提供一个健康生态的居住环境。②依山就势：依山造势，可以设计多样化的户型。建筑布局和设计应考虑坡地地形特征，尽量避免对地形作大幅度的改动。③错落有致：增加景观的开阔度。山坡建筑可以令空间更加丰富，因为错落有致，令到天际线更加多层次感。

（2）四不原则。

①不随意伐木。②不大量挖填土。③不做太高的挡土墙。④架桥道路不要过高。

（3）建筑风貌设计引导。

建筑风格、建筑形体与色彩是城镇各种建筑功能的外在表现形式，应进行总体设计，加以适度的引导和规定，使整体建筑空间健康有序，并通过特定的建筑空间给居民提供丰富多彩的活动场所，表达片区文化内涵。

2. 布局形式

建筑布局形式应依山就势布局，禁止大开大挖，考虑挖填的土方平衡。在同样大小的地块内建筑密度、容积率、绿地率相对不变的前提下，建筑组合多样化，但要结合竖向设计和坡地垂直景观的打造。山地建筑群体布局原则，要求依山就势，结合场地不同的坡度起伏特征、植被分布及地质条件，自由灵活进行布局。

3. 建筑体量控制

规划提出片区内禁止出现大体量的建筑形式，建筑体量应根据地形碎化以减少挖填方。建筑屋脊线长度超过 12m 时，必须考虑屋顶分台处理；建筑面宽不得大于 15m。

4. 建筑色彩

建筑色彩以大理白族传统的建筑色调为基础，淡雅的浅色调为主，严禁采用过于艳丽的色彩。

5. 设计模式

山地建筑建议可采用以下模式。

（1）下沉院落：利用山体建构下沉式中庭，既节能节地、又有自然采光，同时也丰富了建筑空间层次。

（2）垂直嵌构：山地部分掩土建筑的一种形式，在容积率不变的情况下，减小建筑覆盖率、提高绿地率或降低建筑垂直登高高度，达到节能节地目的。

（3）水平嵌构：山地部分掩土建筑的一种形式，节能节地的同时，达到一定的自然采光通风效果。

（4）全覆土式：根据土质及地下水位条件，可以开发山地全覆土式建筑，能完全保持山体原貌，不破坏山体特征。

（5）建筑布局应注意结合地形，控制建筑体量，避免出现高切坡、深开挖。建筑布局应结合地形地貌进行设计布置，并留足绿化用地。对山地应采用退台收阶的建筑布置形式，处理好建筑的山花立面，突出文化内涵和特色。避免出现高切坡、深开挖。巧妙地应用"错层、掉层、跌落、错叠、架空、吊脚"等山地建筑的接地手法，并且将这些方法推广，形成特色鲜明的山地建筑特色。

6. 建筑细部

沿街建筑：在建筑平、立面设计中，要构建新的天际轮廓线，实现街道风貌地方化、民族化。

群体建筑控制：居住小区保持建筑小巧、宜人的空间尺度，对内部空间进行整理，形成优美整洁的内、外部环境。

三层以下的一般建筑，建筑形式要求贴近白族传统民居，采用坡屋顶，强调白墙灰瓦小尺度。

建筑细部处理上，严禁铁制的仿格子门和仿木花窗作为沿街建筑门窗。沿城市主干道严禁建实体围墙。

四、山地综合管廊规划

（一）管线布置原则

（1）综合考虑现状及经济等因素，本规划除工业区热力管线架空外，其余所有规划管线应埋地敷设。

（2）管线综合规划应尽量减少在道路交叉口处交叉。

（3）当工程管线竖向位置发生矛盾时，按下列规定处理：重力自留管线较压力管线优先安排；不易弯曲管线较可弯曲管线优先安排；主干管线较分支管线优先安排；大管径管线较小管径管线优先安排。

（二）管线平面布置

（1）项目区内主要管道有给水管道、雨水管道、污水管道、电力管线、电信管线、燃气管道六种管网。

（2）在道路横断面上安排管位时，首先应考虑布置在人行道及非机动车道下，然后再考虑布置在机动车道下。所有管线、路灯杆均平行于道路中心线布置。由于管线种类较多，有些道路断面小，因此部分管线需布置在道路断面的绿化带下。

（3）道路以南北走向作为范例，由东向西分别为电力管线、污水管线、电信管线、燃气管线、雨水管线、给水管线。或由西向东分别为给水管道、雨水管线、燃气管线、电信管线、污水管线、电力管线。路灯杆布置在中央分隔带或人行道两侧。

（4）管线与管线之间，管线与构筑物间的水平、垂直净距应满足技术、卫生与施工方面的要求。

（5）管线综合平面图仅表示其相对位置，在道路中的具体位置以横断面图为准。

（三）管线竖向布置

（1）各管线在竖向布置中的相对位置自上而下一般为：燃气管线、给水管线、电力管线、电信管线、雨水管线、污水管线。

（2）工程管线埋设深度：应根据土壤冰冻深度、土壤性质、路面结构和承受荷载的大小确定管线的覆土深度，一般情况下，应符合表4-9的规定。当不能满足表中要求时，应采取工程加固措施。

表4-9　工程管线的最小覆土深度一览表　　　　　（单位：m）

序号		1		2		3	4	5	6
管线名称		电力管线		电信管线		燃气管线	给水管线	雨水管线	污水管线
		直埋	管沟	直埋	管沟				
最小覆土深度	人行道下	0.50	0.40	0.70	0.40	0.60	0.60	0.60	0.60
	车行道下	0.70	0.50	0.80	0.70	0.80	0.70	0.70	0.70

（3）管线与管线之间、管线与建（构）筑之间的垂直净距应满足表 4-10 的要求。

表 4-10　工程管线交叉时的最小垂直净距一览表　　　（单位：m）

序号	净距		给水管线	污、雨水管线	燃气管线	电信管线		电力管线	
						直埋	管沟	直埋	管沟
1	给水管线		0.15	—	—	—	—	—	—
2	污、雨水管线		0.40	0.15	—	—	—	—	—
3	燃气管线		0.15	0.15	0.15	—	—	—	—
4	电信管线	直埋	0.50	0.50	0.50	0.25	0.25	—	—
		管沟	0.15	0.15	0.15	0.25	0.25	—	—
5	电力管线	直埋	0.15	0.50	0.50	0.50	0.50	0.50	0.50
		管沟	0.15	0.50	0.15	0.50	0.50	0.50	0.50

五、山地生态环境保护规划

（一）生态保护规划

由于山地特殊的地形条件，山地区域的生态敏感性较坝区来说更高，对生态环境保护的需求也尤为迫切。

1. 保护内容

保护项目区"山–水–城"的整体空间格局，保护山林、冲沟生态环境。

由于山地特殊的地形条件，山地区域的生态敏感性较平原地区来说更高，对生态环境保护的需求也尤为迫切。然而，凡是进行人工的开发建设，必然会对生态环境造成一定的影响。因此开发建设活动对山地区域的生态环境的影响较平原地区更大，开发建设活动与生态环境保护之间的矛盾也更多。山地生态环境的敏感性，要求在对其用地进行开发建设的过程中，要谨慎动土、保护植被、精良合理利用原有的地形地貌，宜建则建，宜林则林，宜保持原有地形地貌和自然植被，就应保持，以保证山地生态环境的可持续发展。这样，在建设开发区域（项目区）内，必然有大量土地不能进行建设开发。

项目区建设开发必须依山就势，以生态保护优先为原则，进行立体规划和开发。在土地利用结构上，项目区可以直接用于建设开发的土地比坝区（平原）少得多，相当一部分土地只能用于生态建设、边坡防护和公共基础设施建设，土地利用效率（可供应建设用地占项目区的比例）比坝区（平原）低很多。

2. 保护措施

划定项目区内保留的山体林地区域为生态保育区，作为生态涵养山体林地进行生态保持、涵养与修复。具体保措施如下：

（1）加强保育区及其周围地区的生态保护工作，保护现有的森林、植被。科学划定用材林、经济林、公益林的范围，利用政策导向和法律强制，在水土流失严重的区域实行封山育林。

（2）25°以上的坡地实行退耕还林，逐步建设乔木、灌木、草本植物多层次立体结构的森林生态系统。

（3）加大水源林的营造力度，在土壤侵蚀强度较大的源头地区，建立连线、连片的水源涵养林，逐步形成结构与功能稳定的森林生态系统，更好地涵养水源，防止水土流失。

（二）环境保护规划

1. 规划原则

（1）削减污染物排放总量。以总量削减为主要目标，强化环境保护的政府责任，着力通过总量控制，大力推进治污工程建设，建立健全高效的环境治理体系，促进污染物产生量、资源能源消耗量的减少，优化经济发展，进一步强化并形成总量控制的"倒逼传导机制"，促进经济发展模式转变。

（2）改善环境质量、保障环境安全。以改善环境质量为核心目标，以要素规划研究为主线，科学规划环境保护重点工作任务，维护人民群众身体健康，改善生产生活环境质量。加强对环境保护的日常监管、防范重大污染事故发生，进一步思考社会经济持续发展的资源基础和环境承载能力及其对环境监管能力提出的新要求，以落实规划任务为载体，提出相应的对策措施。

（3）优化经济发展。把环境保护和生态建设工作融入经济社会发展全局中，在融入两型社会（资源节约型、环境友好型社会）建设的新形势下，通过加强环境保护，优化经济结构，促进经济发展。

2. 规划目标

（1）总目标。建设一个经济、社会、环境协调发展，生态良好的山地居住功能片区。环境污染得到根本控制，生态环境良好并不断趋向更高水平的平衡，环境污染基本消除；自然资源得到有效保护和合理利用，稳定可靠的生态安全保障体系基本形成。环境保护法律、法规、制度得到有效的贯彻执行，以循环经济为特色的社会经济加速发展。经济生态化水平显著提高，对生态环境的压力显著减轻，生态环境质量保持良好。城市环境整洁优美，人民生活水平全面提高。

（2）根据《地表水环境质量标准》（GB 3838—2002）设定水环境保护目标，地表水体水环境质量达到国家III类标准，溶解氧高于 5.0mg/L，生化需氧量小于 4.0mg/L，化学需氧量小于 20.0mg/L，pH 在 6.0～9.0。

（3）根据《环境空气质量标准》（GB 3095—2012）设定空气环境保护目标，大气环境质量优于国家标准二级，二氧化硫浓度小于 0.04mg/m³，一氧化碳浓度小于 4.00mg/m³。

（4）根据《声环境质量标准》（GB 3096—2008）设定声环境保护目标，居住、行政、医院、文体、科研区域环境噪声达到国家标准 1 类，白天低于 55dB，夜间低于 45dB；商贸区及多功能混合区环境噪声优于国家标准 2 类，白天低于 60dB，夜间低于 55dB。

（5）固废治理目标。生活垃圾无害化处理率达 100%，工业固体废弃物综合利用率达 100%，粪便无害化处理率达 100%。

3. 环境功能区划

（1）水环境功能区区划。地表水环境功能区分为五类：Ⅰ类水环境质量功能区，主要指源头水与国家自然保护区；Ⅱ类水环境质量功能区，主要指集中式饮用水水源地一级保护区、鱼虾产卵场等；Ⅲ类水环境质量保护区，主要指集中式饮用水水源地二级保护区、一般鱼类保护区及游泳区；Ⅳ类水环境质量功能区，主要指一般工业用水区及人体非直接接触的娱乐用水区；Ⅴ类水环境质量功能区，主要指农业用水区及一般景观要求水域。

根据《地表水环境质量标准》（GB 3838—2002）和规划控制目标，结合实际，对地表水按功能进行区划，详见表 4-11。

表 4-11 项目区水环境功能划分一览表

功能区序号	水体	水域	规划主导功能区类型	功能区类型排序	水质目标
1	冲沟、小河	片区段	景观娱乐用水区	景观娱乐用水	Ⅲ
2	区内其他地表水体	全域	景观娱乐用水区	景观娱乐用水	Ⅲ

（2）大气环境功能区划。依据《环境空气质量标准》（GB 3095—2012），环境空气质量一般划分为两类。

一类区为自然保护区、风景名胜区和其他需要特殊保护的区域；二类区为居住区、商业交通居民混合区、文化区、工业区和农村地区。

项目区全区为二类区，环境空气质量执行二级浓度限值（表 4-12、表 4-13）。

表 4-12 项目区环境空气污染物基本项目浓度限值

序号	污染物项目	平均时间	浓度限制
1	二氧化硫（SO_2）/（$\mu g/m^3$）	年平均	60
		24h 平均	150
		1h 平均	500
2	二氧化氮（NO_2）/（$\mu g/m^3$）	年平均	40
		24h 平均	80
		1h 平均	200

序号	污染物项目	平均时间	浓度限制
3	一氧化碳（CO）/（mg/m³）	24h 平均	4
		1h 平均	10
4	臭氧（O₃）/（μg/m³）	日最大 8h 平均	160
		1h 平均	200
5	颗粒物（粒径小于等于 10μm）/（μg/m³）	年平均	70
		24h 平均	150
6	颗粒物（粒径小于等于 2.5μm）/（μg/m³）	年平均	35
		24h 平均	75

表 4-13　项目区环境空气污染物其他项目浓度限值　（单位：μg/m³）

序号	污染物项目	平均时间	浓度限制
1	总悬浮颗粒物（TSP）	年平均	200
		24h 平均	300
2	氮氧化物（NOₓ）	年平均	50
		24h 平均	100
		1h 平均	250
3	铅（Pb）	年平均	0.5
		季平均	1
4	苯并[a]芘（BaP）	年平均	0.001
		24h 平均	0.0025

（3）声环境功能区划。根据《声环境质量标准》（GB 3096—2008）和《声环境功能区划分技术规范》（GBT 15190—2014）的要求，项目区噪声分类情况详见表 4-14。

4. 环境保护措施

（1）水污染整治措施。

加大水环境污染治理力度。加速建设完善城市排水管网建设，提高污水处理率，严格控制工业污染源和排污口直接向河道排污，对现有工业污染源和生活污水进行集中、深度治理。

表 4-14　各类声环境功能区使用的环境噪声等效声级限值

类别		适用区域	噪声标准值/dB
1 类声环境功能区		居民住宅、医疗卫生、文化体育、科研设计、行政办公区域	55/45
2 类声环境功能区		商业金融、贸易物流、或居住、商业、工业混合区	60/50
3 类声环境功能区		工业区、物流仓储区	65/55
4 类声环境功能区	4a 类	经过片区的交通主干线两侧，包括高速公路、城市主次干路、快速路	70/55
	4b 类	经过片区的铁路（轻轨）干线两侧	70/60

改进生产工艺，提高工业用水的重复利用率，减少工业废水排放，开展污水资源化工作，走经济效益与环境效益同步提高道路。

工业污水原则上由各厂自行处理达到国家有关排放标准后方可排入城市污水系统。各工厂企业单位的污水处理设施应保证正常运行。

开展对河道综合整治工程，落实管理，全面改善水体环境。禁止在河中清洗贮过油或有毒物质的车辆和容器，禁止将含有剧毒物品的废液、废渣向河中倾倒或掩埋在河岸附近，禁止在河床最高水位线下的滩地和岸坡堆放、存储对河水可能造成污染的物质。

严格控制地下水开采量，保护好地下水资源，防止地下水质恶化。

减少建设耗能大、污染严重或污废水治理难度大的工厂企业。

对区内水体进行定期或不定期监测，掌握水质变化动态，及时调整水资源保护对策。

（2）大气污染整治措施。

禁止新建、改造项目中使用淘汰的工艺和设备，逐步淘汰效率低、能耗高和污染严重的老机组，实现排污达标。

对工厂企业的废气治理除应配备先进的除尘设备外，还应逐步推广脱硫工艺，这是根治二氧化硫污染的有效途径，同时应加强对重点污染源的限期治理或搬迁改造，尽量采用湿法除尘。降低空气中可吸入颗粒污染物的含量，改善城市的大气环境质量。

加大人口稠密区域工业企业"关停并转迁"的力度，使工业区和居民区适当分离；逐步减少直接燃用原煤的用量，在人口稠密的区域建设高污染燃料禁燃区。

建设绿化工程，绿化指标达到国家标准，坚持绿化与各项建设同步进行。

控制汽车尾气排放，提高尾气达标率，推广使用无铅汽油和其他清洁燃料。

（3）噪声污染整治措施。

健全有关法规，明确职能部门，加重处罚力度，严格执法，严肃管理。

加强区域环境综合治理，创建噪声达标区，使环境噪声的污染防治从点和线的治理转向区域性治理。

加强工业噪声治理，改进内部工艺，搬迁扰民工业。

加强社会、商业、建筑施工等噪声的管理。

（4）固体废物污染整治措施。

加大工业固体废物综合利用力度，延伸产业链，提高综合利用水平。全面支持并鼓励脱硫石膏、磷石膏、煤矸石、粉煤灰、煤泥、炉渣、钢渣等工业固废综合利用项目。

推广清洁生产技术，降低工业固体废弃物的产生量，同时提高原材料利用率。

严禁有害废弃物向水体排放。

实行"净菜进城"减少生活垃圾产生数量，提高经开区燃气气化率和建设集中供热工程。

生活垃圾逐步实行袋装化，并向分类收集运输方向发展。

加强建筑垃圾、医院垃圾的收集处理工作。

加强危险废物环境管理，使医疗废物基本得到安全处置。

（三）生态修复

项目的建设将不可避免引起水土流失，若不采取切实可行的措施，将对项目区周边及取土区、弃土场附近的农田、果园、湖塘等造成严重影响。在考虑节省工程投资的同时，还应重视生态环境的保护以及修复，最大限度地减少因工程建设引起的水土流失对项目所在区域生态环境的影响。主要措施建议如下：

（1）土壤侵蚀主要发生在多雨季节，因而合理规划施工期很有必要。施工单位应和气象部门联系，事先掌握项目区降雨时间和特点，合理制定施工计划及时掌握暴雨等灾害性天气情况，以便在雨前及时将填铺的松土压实、用沙袋、废纸皮、稻草或草席等遮盖坡面进行临时应急防护，减缓暴雨对山坡面的剧烈冲刷，同时对临时排水沟进行必要的疏通、整修，减少水土流失。

（2）路面排水工程应和修路同步进行。在进行土方工程的同时，对于路面的排水工程，尽量争取同步进行，预防雨季路面形成的径流直接冲刷坡面而引起水土流失。

（3）废弃土（石、渣）等固体废物必须采取拦挡治理措施。

（4）开挖、弃渣、填方等场地必须进行护坡和土地整治。

（5）弃土场使用结束后应进行清理、覆土和植被绿化。

（6）开挖的表土集中堆放，堆放的场地设置拦挡措施，待施工结束后，表土回用于项目绿化。

（7）项目建成后应及时对场地进行固化，并进行绿化，以减轻水土流失问题。

（8）重点加强边坡修复，根据边坡所处位置，如山地、道路、滨水等，因地制宜地选择植物群落，在植被的选择上需注意颜色、形状上的合理搭配，形成和周边环境相协调又能体现自身特点的植物群落。

（四）环卫设施

1. 垃圾转运站

项目区内配置小型生活垃圾转运站，按照 1.5～2km^2 服务范围的要求，结合各功能组团规划共设置 5 处垃圾转运站，每处用地面积为 500m^2。转运站外围防护绿地宽度不得小于 10m，使用过程中严格注意对周边环境的影响。

2. 垃圾收集站

按照服务半径 400m 要求设置多处垃圾收集站，每处用地为 120m^2。结合各功能组团规划共设置 10 处垃圾收集站，垃圾收集站四周距住宅不小于 5m。

3. 公共厕所

按照居住用地 3～5 所/km², 商业及公共服务设施用地 4～11 所/km² 设计标准，在项目区布置公厕 14 座，每座建筑面积不小于 50m², 部分结合公共建筑设置。

六、山地海绵城市规划

山地城市地形高低落差大、雨急坡陡径流快、土薄高湿持水难，导致雨水流失非常快，但山水生态空间却非常足，成为较大的消纳和利用空间。结合山地自然特征，综合采用"净、蓄、滞、渗、用、排"等措施，将大部分降雨就地消纳和利用。

（一）山地海绵城市建设目标

以山地海绵城市建设理念引领城市发展，促进生态保护、经济社会发展和文化传承，以生态、安全、活力的海绵建设塑造大理城市新形象，实现"水生态良好、水安全保障、水环境改善、水景观优美、水文化丰富"的发展战略，建设河畅岸绿、人水和谐、生态宜居，富有山地特色的海绵城市。

（二）加强规划指引

1. 推广低冲击开发规划模式，降低环境负面影响

针对各类建设用地不同的功能、区位、环境、地形和地势条件，以不影响山地基本地形构造，不影响周边环境为出发点，通过合理制定开发建设指标，综合采用入渗、过滤、蒸发和蓄流等方式减少径流排水量，使项目区开发后的水文功能尽量接近开发之前的状况。

2. 加强透水地面路面规划指引，提高场地透水渗水功能

充分利用人行道、步行街、露天停车场、建筑周边空地和街巷的地面、广场和绿地等，以及其他需要大面积硬化，但承载重量不大的场所铺设透水地面，合理规定建设用地透水地面面积比。

3. 做好坡地保护，维护水土保持和水源涵养

坡地常常是山地城市中重要的集水区、特定水土保持区、保护带、植被养护区。针对坡地的地形坡度、地质条件、用地功能和环境条件，需进行长期的水土保持和水源涵养。

4. 健全水系自然生态系统，维护正常水循环

将各河流和地下水系统的污染防治与生态修复结合起来，加强河道生态修复。严格控制水体保护范围，保护自然水系，新建人工湿地系统，尽量减少对河道的渠化，维护和修复水系统生态链。

5. 发展绿色建筑，推进保水惜水节水

大力发展绿色建筑，从建筑物设计、建设和使用角度，加强对雨水资源的分级收集利用，减少水资源消耗，达到保水惜水节水的目的。

（三）构建低影响开发雨水系统

构建低影响开发雨水系统，规划控制目标一般包括径流总量控制、径流峰值控制、径流污染控制和雨水资源化利用等。雨水资源化利用是缓解城市水资源短缺的重要途径，也是构建低影响开发雨水系统重要内容之一。水系湿地、绿地广场、城市道路、建设用地地块内部等城市空间是建设山地海绵城市，构建低影响开发雨水系统的主要载体。

1. 透水铺装

透水铺装按照面层材料不同可分为透水砖铺装、透水水泥混凝土铺装和透水沥青混凝土铺装，嵌草砖、园林铺装中的鹅卵石、碎石铺装等也属于渗透铺装。

透水铺装结构应符合《透水砖路面技术规程》（CJJ/T 188—2012）、《透水沥青路面技术规程》（CJJ/T 190—2012）、《透水水泥混凝土路面技术规程》

（CJJ/T 135—2009）等规定。

2. 绿色屋顶

绿色屋顶也称种植屋面、屋顶绿化等，根据种植基质深度和景观复杂程度，绿色屋顶又分为简单式和花园式，基质深度根据植物需求及屋顶荷载确定，简单式绿色屋顶的基质深度一般不大于 150 mm，花园式绿色屋顶在种植乔木时基质深度可超过 600 mm，绿色屋顶的设计可参考《种植屋面工程技术规程》（JGJ 155—2013）。

3. 下沉式绿地

下沉式绿地具有狭义和广义之分，狭义的下沉式绿地指低于周边铺砌地面或道路在 200 mm 以内的绿地；广义的下沉式绿地泛指具有一定的调蓄容积（在以径流总量控制为目标进行目标分解或设计计算时，不包括调节容积），且可用于调蓄和净化径流雨水的绿地，包括生物滞留设施、渗透塘、湿塘、雨水湿地、调节塘等。

狭义的下沉式绿地应满足以下要求。

（1）下沉式绿地的下凹深度应根据植物耐淹性能和土壤渗透性能确定，一般为 100～200mm。

（2）下沉式绿地内一般应设置溢流口（如雨水口），保证暴雨时径流的溢流排放，溢流口顶部标高一般应高于绿地 50～100mm。

4. 生物滞留设施

生物滞留设施指在地势较低的区域，通过植物、土壤和微生物系统蓄渗、净化径流雨水的设施。生物滞留设施分为简易型生物滞留设施和复杂型生物滞留设施，按应用位置不同又称作雨水花园、生物滞留带、高位花坛、生态树池等。

生物滞留设施主要适用于建筑与小区内建筑、道路及停车场的周边绿地，以及城市道路绿化带等城市绿地内。对于径流污染严重、设施底部渗透面距离季节性最高地下水位或岩石层小于 1m 及距离建筑物基础小于 3m（水平距离）的区域，可采用底部防渗的复杂型生物滞留设施。

5. 植草沟

植草沟指种有植被的地表沟渠，可收集、输送和排放径流雨水，并具有一定的雨水净化作用，可用于衔接其他各单项设施、城市雨水管渠系统和超标雨水径流排放系统。除转输型植草沟外，还包括渗透型的干式植草沟及常有水的湿式植草沟，可分别提高径流总量和径流污染控制效果。

植草沟适用于建筑与小区内道路，广场、停车场等不透水面的周边，城市道路及城市绿地等区域，也可作为生物滞留设施、湿塘等低影响开发设施的预处理设施。植草沟也可与雨水管渠联合应用，场地竖向允许且不影响安全的情况下也可代替雨水管渠。

6. 湿塘

湿塘指具有雨水调蓄和净化功能的景观水体，雨水同时作为其主要的补水水源。湿塘有时可结合绿地、开放空间等场地条件设计为多功能调蓄水体，即平时发挥正常的景观及休闲、娱乐功能，暴雨发生时发挥调蓄功能，实现土地资源的多功能利用。湿塘一般由进水口、前置塘、主塘、溢流出水口、护坡及驳岸、维护通道等构成。

湿塘适用于建筑与小区、城市绿地、广场等具有空间条件的场地。

7. 雨水湿地

雨水湿地利用物理、水生植物及微生物等作用净化雨水，是一种高效的径流污染控制设施，雨水湿地分为雨水表流湿地和雨水潜流湿地，一般设计成防渗型以便维持雨水湿地植物所需要的水量，雨水湿地常与湿塘合建并设计一定的调蓄容积。

雨水湿地与湿塘的构造相似，一般由进水口、前置塘、沼泽区、出水池、溢流出水口、护坡及驳岸、维护通道等构成。

雨水湿地适用于具有一定空间条件的建筑与小区、城市道路、城市绿地、滨水带等区域。

8. 调节池

调节池为调节设施的一种，主要用于削减雨水管渠峰值流量，一般常用溢流堰式或底部流槽式，可以是地上敞口式调节池或地下封闭式调节池，其典型构造可参见《给水排水设计手册》（第 5 册）。

调节池适用于城市雨水管渠系统中，削减管渠峰值流量。

9. 蓄水池

蓄水池指具有雨水储存功能的集蓄利用设施，同时也具有削减峰值流量的作用，主要包括钢筋混凝土蓄水池，砖、石砌筑蓄水池及塑料蓄水模块拼装式蓄水池，用地紧张的城市大多采用地下封闭式蓄水池。蓄水池典型构造可参照国家建筑标准设计图集《雨水综合利用》（10SS705）。蓄水池宜设置在室外地下。室外地下蓄水池的人孔或检查口应设置防止人员落入水中的双层井盖。雨水蓄水池设在室外地下的益处是排水安全和环境温度低、水质易保持。水池人孔或检查孔设双层井盖的目的是保护人身安全。

蓄水池适用于有雨水回用需求的建筑与小区、城市绿地等，根据雨水回用用途（绿化、道路喷洒及冲厕等）不同需配建相应的雨水净化设施；不适用于无雨水回用需求和径流污染严重的地区。

10. 雨水罐

雨水罐也称雨水桶，为地上或地下封闭式的简易雨水集蓄利用设施，可用塑料、玻璃钢或金属等材料制成。

雨水罐适用于单体建筑屋面雨水的收集利用。

11. 植被缓冲带

植被缓冲带为坡度较缓的植被区，经植被拦截及土壤下渗作用减缓地表径流流速，并去除径流中的部分污染物，植被缓冲带坡度一般为 2%～6%，宽度不宜小于 2m。

植被缓冲带适用于道路等不透水面周边，可作为生物滞留设施等低影响开发设施的预处理设施，也可作为城市水系的滨水绿化带，但坡度较大（大于 6%）时其雨水净化效果较差。

12. 初期雨水弃流设施

初期雨水弃流指通过一定方法或装置将存在初期冲刷效应、污染物浓度较高的降雨初期径流予以弃除，以降低雨水的后续处理难度。弃流雨水应进行处理，如排入市政污水管网（或雨污合流管网）由污水处理厂进行集中处理等。常见的初期弃流方法包括容积法弃流、小管弃流（水流切换法）等，弃流形式包括自控弃流、渗透弃流、弃流池、雨落管弃流等。

初期雨水弃流设施是其他低影响开发设施的重要预处理设施，主要适用于屋面雨水的雨落管、径流雨水的集中入口等低影响开发设施的前端。

13. 环保型雨水口

环保型雨水口主要起源头截污作用，设计应满足如下条件。

（1）雨水口应设置污物截留设施，合流制系统中的雨水口应采取防止臭气外溢措施。

（2）雨水口和雨水连接管流量应为雨水管渠设计重现期计算流量的 1.5～3 倍。

（3）道路横坡坡度不应小于 1.5%，平箅式雨水口的箅面标高应比周围道路路面标高低 3～5cm，立箅式雨水口进水处路面标高应比周围路面标高低 5cm。当设置雨下沉式绿地时，雨水口的箅面标高应根据雨水调蓄设计要求确定，且应高于周围绿地平面标高。

（4）雨水口应设置沉泥槽，且便于清掏和维护。

七、山地综合防灾规划

（一）抗震减灾

1. 设防标准

大理市地震基本烈度为 8 度。城区一般建筑抗震按 8 度设防，重大项目及生命线工程应根据"地震安全性评价"结果确定设防标准。

2. 工程抗震

工程抗震必须贯彻先重点、后一般的原则，应首先对供水、供电、交通、通信、医疗等生命线系统工程，以及发震时易产生次生灾害的重要工程进行必要的工程加固；新建工程严格按照抗震设防的规定设计和施工。

3. 地震应急避难场所

地震应急避难场所是供避震疏散人员较长时间避震和进行集中救援的场所，应考虑人睡眠时所需的面积并满足避灾人员一定的生活活动空间长期性需求。主要利用公园、绿地、广场、体育场、中小学校操场等作为灾时人员避难疏散空间。

地震应急避难场所应避开地震断裂带，洪涝、山体滑坡、泥石流等自然灾害易发地段。选择地势较为平坦空旷、易于排水，适宜搭建帐篷的地形。周围无高大建构筑物和次生灾害源点的基本要求。其与四周易燃建筑或其他可能发生火灾的火源之间应设置 30~130m 的防火安全带。

地震应急避难场所应有方向不同的两条以上与外界相通的疏散道路。

地震应急避难场所的服务半径宜为 2~4km，步行大约 60min 之内到达，人均有效避难面积 $2m^2$，且每处用地不宜小于 $0.2hm^2$。

（二）防洪

1. 防洪标准

结合洱海最高运行水位 1966m，按最高控制水位线设防，所有建筑基底标高应高于最高控制水位线 1.5m；直接汇入洱海的河流按 50 年一遇洪水标准设防；其他不直接汇入洱海的次级河流、冲沟等按 20 年一遇洪水设防。

2. 规划措施

防洪工程包括防洪堤和排洪沟，确定防洪堤的布置主要考虑防洪堤的布置形式、顶部高程、堤顶宽度和边坡等影响因素，排洪沟的布置则考虑排洪沟的设置情况、配置类型、断面及其铺砌。防护工程包括挡墙和护坡，挡墙或护坡的设置对于竖向设计的土建投资有很大的影响，同时对于美观和适用性也有一定的要求，应根据竖向设计形式、道路坡度、设计标高等影响因素选择布置挡墙或护坡，在此基础上确定挡墙或护坡的位置、类别、高度和长度。

项目区周边以山区为主，防洪任务主要是防山洪及因山洪引起的次生灾害。根据地形特征，规划要求采取以下防洪对策：

（1）建设要避开易受洪水危害的地段。

（2）对项目区内水系进行治理，包括对河床淤积物进行清理，开挖疏通河道，使河道保持顺直。对河道上的附属构筑物和河岸边建筑物的建设应根据防洪标准进行修建和整治。

（3）加强沿河植树造林，禁止乱砍滥伐，保持水土，增加植被覆盖率，减少径流泥沙含量，防止河床淤积。加强河道的管理工作。

（4）建设用地上游设置泄洪沟，平时作为景观功能使用，灾时作为泄洪功能，以保证项目区的安全。

（5）对于山洪，在项目区外围山脚设置截洪沟截流山洪，保证山洪尽快排走，防止大量山洪进入项目区管网。

（6）对建设用地进行限制，让建设区后退，使冲沟、滑坡、陡坡上缘荷载减小，使建设的安全得到提高，建设用地后退后，对其进行绿化，并兴建截污、截洪沟等环保设施，使地表径流对冲沟、滑坡、陡坡区的冲蚀减弱，水土流失减少，从而达到保障城镇安全，改善水环境的目的。

（三）地质灾害

1. 防治原则

（1）预防为主，避让与治理相结合原则。

（2）统筹规划与重点突出原则。

（3）总体规划与分期实施原则。

2. 防治目标

建立完善的地质灾害防治法规体系和地质灾害防治监督管理体系，对危害严重的地质灾害点和地区基本治理，有效减轻地质灾害造成的损失，促进经济社会发展，保障资源和环境可持续利用。

3. 治理措施

规划对灾害敏感区不能消极避让，而应采取积极的态度，将经过整治的冲沟、滑坡等地质灾害敏感区进行绿化，将其建为公共绿地，冲沟成为楔入城镇的绿色走廊，而可建设用地则加大建筑密度和容积率，提高土地利用率，这样既保证了居民的户外活动空间，又满足了用地的要求。

（1）崩塌防治。

遮挡：即遮挡斜坡上部的崩塌落石。这种措施常用于中、小型崩塌或人工边坡崩塌的防治中，通常采用修建明硐、棚硐等工程进行，在铁路工程中较为常用。

拦截：对于仅在雨季才有坠石、剥落和小型崩塌的地段，可在坡脚或半坡上设置拦截构筑物，如设置落石平台和落石槽以停积崩塌物质；修建挡石墙以拦坠石。

支挡：在岩石突出或不稳定的大孤石下面，修建支柱，支挡墙或用废钢轨支撑。

护墙、护坡：在易风化剥落的边坡地段，修建护墙，对缓坡进行水泥护坡等，一般边坡均可采用。

镶补沟缝：对坡体中的裂隙、缝、空洞，可用片石、水泥砂浆填补空洞、沟缝，以防止裂隙、缝、洞的进一步发展。

刷坡（削坡）：在危石、孤石突出的山嘴以及坡体风化破碎的地段，采用刷坡来放缓边坡。

排水：在有水活动的地段，布置排水构筑物，以进行拦截疏导。

（2）滑坡防治。

排除地表水、地下水及防止对滑坡体坡脚的冲刷；改变滑坡体外形，设置抗滑建筑物（如削坡减重和修筑支挡工程）；避免对山体坡脚进行开挖、切坡等，破坏山体力学平衡的操作；依山建设的工程，应作坡体稳定性分析及危险性评估；应在山体（滑坡体）上种植草皮、树木、以达到保护坡体的效果；对可能出现滑坡的区域，在施工前、施工中及施工后的一段时间内对坡体进行监测，监测项目主要为位移、沉降、地下水位和空隙水等。

（四）消防

1. 消防站

项目区内部单独设置消防站，与周边区域统筹协调。

2. 消防通道

（1）项目区内城市主、次干道作为城市主要疏散通道。

（2）项目区内支路和地块内小区道路作为消防通道，宽度不得小于 4m，尽端式消防道的回车场尺度应大于等于 15m×15m。

（3）街区内的道路应考虑消防车的通行。当建筑物沿街部分长度超过 150m 或总长度超过 220m 时，应规划在适中位置设置穿过建筑物的消防车道。

3. 消防用水

（1）供水系统。消防用水按同一时间火灾 3 次考虑。

消防用水由城市市政给水管网提供，同时尽可能利用地表水作为消防水源，须建立相应的专用取水设施。

采用生活-消防统一供水系统，消防采用低压制。市政给水管网布置成环状，室外消防给水管道的最小管径不应小于 100mm，最不利点市政消火栓的压力不小于 0.1MPa，流量不小于 10～15L/s。室内消防用水按照不同建筑性质和使用要求进行设置，须严格按照消防相关规范建设。

（2）消防栓。规划范围内的室外消防栓按 120m 的间距进行配置，在重点建筑物前提高消防栓密度，消防栓采用地下式，沿道路两旁设置，宜靠近道路交叉口。

室内消防栓严格按照建筑消防规范进行建设。

（3）避难场所。加强消防避难地建设，充分利用公园、广场等作为火灾避难地。

（五）人防

（1）应遵循"长期准备、重点建设、平战结合"的方针，贯彻与经济建设协调发展、与城市建设相结合，坚持人防建设可持续发展战略，正确处理好当前与长远、重点与一般、总体与局部、需要与可能的关系，实现人防工程与城市建设有机结合的人民防空体系。

（2）项目区地下空间开发、市政基础建设、民用建筑工程项目建设应充分兼顾人防规划内容，满足人民防空要求。

（3）人防疏散干道应结合城市交通网络，充分结合公路等设施进行设置，连接城市商贸中心、居住密集区等城市功能区，形成地区人防疏散体系网络。

（4）建立灵敏可靠的通信警报体系。按照"多种手段、反应快速、抗毁力强、覆盖面大"的要求，基本形成覆盖城市建成区的防空警报体系。项目区内警报音响覆盖率应达到100%。防空警报台应按照复建与单建结合的原则进行建设。

（5）人员隐蔽工程面积应达到留城人口人均 1.0m^2，并结合地面建筑进行建设。

（6）加强对项目区内原有人防工程和重点目标的保护，重要经济目标的核心生产环节应建立地下生产工作场所，保护战争潜力。

（7）项目区内建设项目依法完善人防手续，修建民用建筑应依法配套修建防空地下室。

（六）地下空间利用

1. 规划目标

（1）合理开发和利用地下空间，确定项目区地下空间的利用性质、利用范围、利用规模。

（2）地下空间开发遵循空间立体化、功能复合化、价值商业化、开发弹性化的总体思路，力求实现地下空间的集约和高效开发，确保用地可持续发展；同时考虑平战结合、综合防灾，保护地上环境景观，完善城市功能，构筑现代化城市交通和市政设施系统。

（3）针对不同土地利用类型和容量、设施配套、开发管理的特征，采用多种方法综合控制。

2. 规划原则

（1）地下与地上相协调原则：地下空间的开发利用要充分考虑地下水位条件，发挥地下与地上空间各自的优势，共同为营造城市环境、完善城市功能服务。

（2）远期与近期相呼应原则：地下空间的开发利用既要考虑当前需求，同时也要考虑地下空间建设的整体性和系统性，最终实现合理的地下空间形态和容量。

（3）专业与综合相兼顾原则：地下空间开发应充分考虑各专业的综合和协调，兼顾多种功能需求。

3. 地下空间开发利用布局

重点开发区域：项目区重点开发的地下空间集中在公共服务中心，以地下商业和停车功能为主，兼顾地下人防。不同地块的地下空间可进行联合开发，重点确定地下公共活动空间范围、开发深度、公共人行通道、过街通道出入口等要素。重点开发区域建议由地方政府或城乡规划主管部门出台相应强制、奖励或鼓励政策、措施，以落实规划对该区域的地下空间开发要求。

一般开发区域：指没有额外地下开发政策、措施的普通建设区域。该区域内的地块可根据开发需求及地块配建停车要求，按照国家相关规定开发地下空间。

4. 地下空间权属

规划建议确定地下空间的产权关系，将土地使用权分解为地上产权和地下产权，规范政府、开发商和投资商的建设行为，为地下空间规划和管理提供依据。

规划控制建议按照以下三种权属进行分类，其最终权属由城乡规划主管部门结合实际情况给予确认。

（1）同一权属：由同一主体结合地表建筑一并开发的地下空间，其使用权与地表使用权一并出让。

（2）独立权属：地上和地下空间产权分离，采用招标，拍卖或挂牌的方式出让地下空间使用权，独立经营性地下空间建设项目。

（3）复合权属：特别地块的地下空间根据实际需求划分一定比例的独立权属地下空间。秉着谁开发谁受益的原则，复合权属的设定更便于收益权与开发权的对应，解决项目区内地下空间配建要求与资金问题。

5. 地下空间控制要求

建筑的地下空间部分退让城市道路红线不得小于 5m，退让用地边界不得小于 3m，并且当地下空间开发位于地上建筑下方时，地下建筑应与地上建筑保持相同的退界。临城市道路一侧建设的地下建筑物，顶部建筑完成面标高不得超过城市道路人行道标高 1.5m。

（七）防雷

项目区内所有建（构）筑物根据其防雷分类等级，依照《建筑物防雷设计规范》（GB 50057—2010）采取相应的防直击雷和防雷电波侵入的措施。

附录　项目区主要规划图集

附图 1　整体鸟瞰图

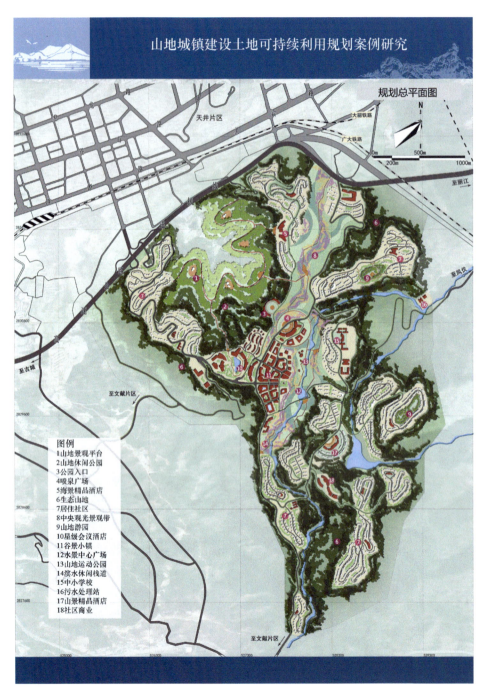

附图 2　规划总平面图

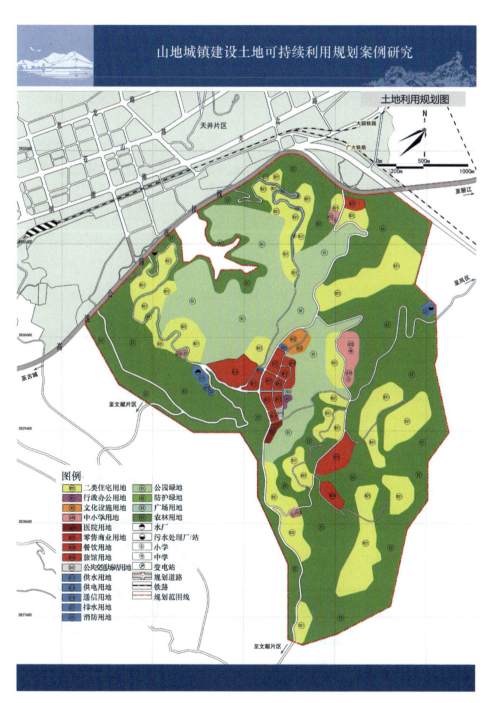

附图 3　土地利用规划图

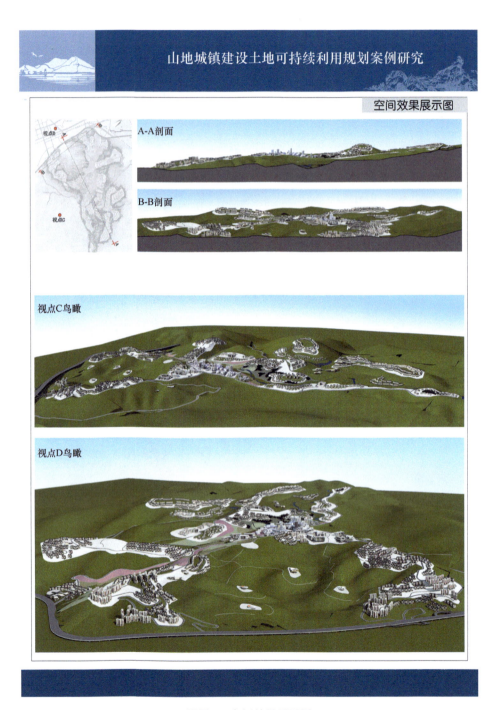

附图4　空间效果展示图